高槻
三嶋江
茨木市
柱本
鳥飼
摂津市
神崎川
江口
佐太天満宮
守口駅
吹田市
逆巻
守口市
柴嶋
赤川
毛馬
長柄
（旧淀川）大川
大阪市
桜宮
川崎
神橋
八軒家
←大阪湾

大阪淀川探訪

絵図でよみとく文化と景観

西野由紀
鈴木康久 編

人文書院

はじめに

大阪府北部にある都市で生まれ、育った。そのため、小学生のころから、府域内にある河川の治水や改修に関する歴史を学ぶ機会が多かった。暗渠《あんきょ》となった川がかつてはゆたかな水を湛《たた》え人びとの生活を支えていたこと、わずかな水量しかない川がときとして激流となり人びとの生活を脅かしたことなど、現在の我々が知らない多面的な川のすがたを教わってきた。このような河川と人との関係を、よりよいものにしようとする先人たちの試行錯誤の積み重ねが、「水の都」とも称される大阪を支えてきたのだといえよう。

なかでも琵琶湖から大阪湾へと流れる淀川は、古来、交通の大動脈として機能してきた。古代から中世にかけて、都から流れを上下した貴族や武士たちは、たんに川を通過するだけでなく、水辺の土地を活用していく。たとえば、肥沃《ひよく》な岸辺に牧《まき》や狩猟場を設けたり、地域特有の農産物を栽培したり、眺望にすぐれた離宮を造営したりと、さまざまなかたちで水辺と共存してきた。一方、陸路の利便性を保持するためには、水量のゆたかさが仇《あだ》となる場合もある。たとえば、山崎や長柄《ながら》のように、橋梁が流失することもしばしばであった。また、近世になり、街道整備にともなう堤防が築かれるものの、両岸の土地はたびたび水害にみまわれた。

こうした両義性をおびた景物を、古人は「などころ」「めいしょ」として鑑賞した。『玉葉和歌集』に、次の藤原定家の和歌が載る。

さもあらばあれ名のみ長柄の橋柱　朽ちずば今の人もしのばじ

中世にはすでに朽ち果てた長柄橋も、そのかたちをとどめていれば人びとの口にのぼりうることはなかったと定家はいう。つまり、災いが転じることで存《なが》らえた「などころ」と、とらえることができる。また、『淀川両岸一覧』では、右岸の逆巻にある水難供養の地蔵尊が「めいしょ」のひとつとして紹介されている。そこには、水辺の安全に警鐘をならしながら、景観の一部に取りこもうとする貪欲さをみることもできるだろう。和歌にせよ、地誌にせよ、娯楽と教訓とを読みとることができるような重層性をそなえているのである。

淀川の過去・現在・未来のすがたを思い浮かべ、さらにそれらを楽しみ、そこから何かを学びとる。読者にとって、本著がその一助となることを願っている。

西野由紀

◆

目次

◆

Ⅲ　移りゆく流れとその眺め

I

淀川　都市を貫く流れ

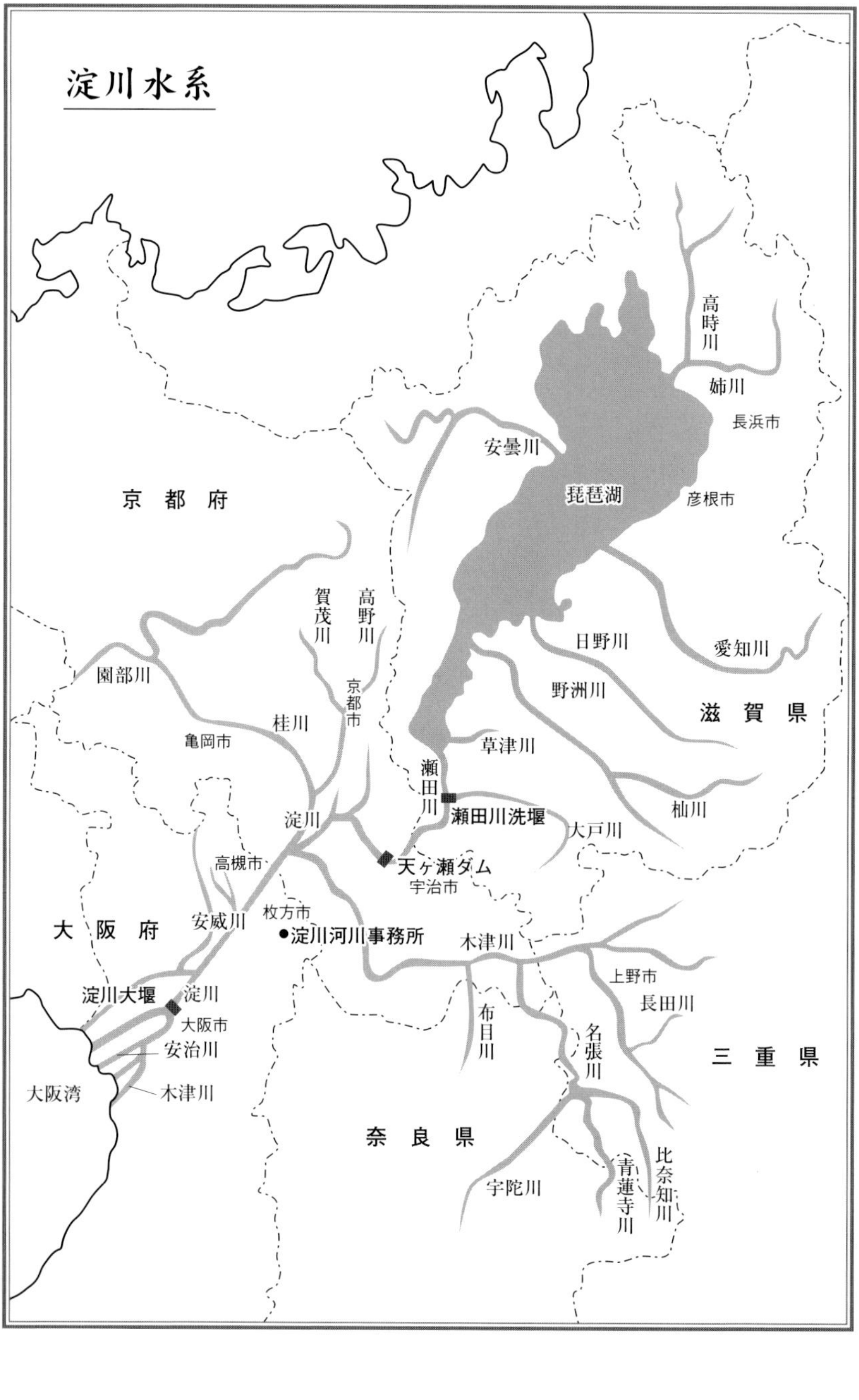
淀川水系
京都府
滋賀県
大阪府
奈良県
三重県
琵琶湖
高時川
姉川
長浜市
安曇川
彦根市
愛知川
日野川
野洲川
草津川
杣川
大戸川
瀬田川
瀬田川洗堰
天ヶ瀬ダム
宇治市
賀茂川
高野川
京都市
桂川
園部川
亀岡市
淀川
高槻市
枚方市
安威川
●淀川河川事務所
木津川
上野市
長田川
布目川
名張川
宇陀川
青蓮寺川
比奈知川
淀川大堰
淀川
大阪市
安治川
木津川
大阪湾

淀川ある記

「川ではない」川？

一九九九（平成一一）年一〇月、私は建設省（現国土交通省）河川局から、淀川工事事務所（現淀川河川事務所）に転勤しました。淀川工事事務所は大阪府枚方《ひらかた》市にあり、京都の天ケ瀬《あまがせ》ダムから下流の宇治川、嵐山から下流の桂川、笠置から下流の木津《きづ》川、そしてこれら三川が八幡《やわた》で合流してから大阪湾に流れこむまでの淀川の整備と管理を担当しています。

じつは私は一九八四（昭和五九）年にも一年間、淀川工事事務所に勤務したことがあります。当時、事務所の前を流れる淀川の流れは大きく左岸（枚方より）に偏っており、河原はデコボコで、草ぼうぼう状態でしたが、それが五年後には見違えるようになっていました。川の流れは中央になり、その両岸には平坦な高水敷（常に水が流れる低水路より一段高い河川敷）が造成され、芝生公園、親水公園、グランドが拡がり、休日には多くの家族づれや子どもたちで賑わっていました。その光景に接して、「淀川はなんときれいに、素晴らしく整備されたのであろう」と思ったものです。ところが、ある住民の方が私に言いました。「今の淀川は川ではない」と。その意味がわかったのは、自分で川を歩きだしてからでした。

着任早々、自分が担当する川なのだから、せめて一度は全区間を歩こうと思い立ち、休日ごとに歩きだしました。

朝と昼で、また季節に応じて川の表情は異なります。上流から下流へ歩く時と下流から上流にさかのぼる時とで、川から受ける印象はまったく違いました。そして歩くたびに、水の流れの変化や植生の移ろい等から、「川は変わるから、川なんだ」、「川は生きている」ということを実感しました。それまでの約二十年、川の専門家として机上でマニュアルや基準を横に、シミュレーション計算の数字をもとに河川整備の計画策定に携わっていましたが、淀川を歩きだしてはじめて、それまでの私が川を、工事の対象としてのみとらえ、まともには見ていなかったこと、川をまったく実感していなかったことに気づいたのです。

グラウンドやゴルフ場に整備された河川敷（枚方大橋付近）
（淀川河川事務所提供）

堤防は危険なダム

川を歩きだして、様々なことに感動すると同時にショックも受けましたが、そのなかでももっとも恐ろしいと感じ、その後の私の治水感を徹底的に変えたのは、まさに私が歩いている堤防そのものでした。ダムを建設する時、水が乗り越えると破壊する恐れが極めて大きいフィルダム（土と砂を盛り上げたダム）はできるだけ避けたいというのがダム技術者の共通した想いです。地質的にコンクリートダムの建設が困難で、どうしても土砂を盛り上げたダムを建設しなければならない場合には、必ず余水吐というコンクリートの構造物を設置し、水が溢れそうな時には余水吐から流化させ、決して土砂を盛り上げた部分から溢れないように設計しています。

ところが堤防は、私たちが決して造ってはいけない余水吐のない長大なフィルダムだということに気づいたのです。当然、堤防が土砂を盛り上げただけのものであることは知っていましたが、頭の中ではダムはダム、堤防は堤防と勝手に割りきり、堤防の危険性をまともに認識しようとしていなかった。そして堤防の直下まで家が建ち、街ができている危険な現実から目をそむけていたのでした。

そして、川から河原も、文字通り河原に生息するカワラサイコやカワラナデシコなどの植物の姿が消え、瀬や淵のある変化に富んだ川に生きてきた魚たちが次々と絶滅していく現実に接し、それが私たちが行ってきた河川整備の結果なのだと思い知ったのです。

川を歩きに歩いて、はじめて実感した病んだ淀川、脆《もろ》い淀川。淀川はどうして、このような状態になったのでしょう。

古代の治水事業と豊臣秀吉の文禄堤

我が国の歴史上最初の治水事業は、淀川で行われました。『日本書紀』には、仁徳《にんとく》天皇による茨田《まんだ》堤の構築と堀江の開削が記述されています。当時の大阪は、南から北へ伸びる上町台地（その先端部分に現在、大阪城や大阪府庁がある）が半島のように大阪湾に突き出していました。上町台地の東側は難波潟《なにわがた》として奥深く拡がり、難波潟の陸地側も現在の枚方あたりまで、湿地帯となっていました。茨田堤は氾濫する淀川の流れを防ぐために構築された堤防で、現在、京阪電車古川橋駅近くに、その遺構が残っています。また、堀江の開削は、上町台地先端（現在の天満橋《てんまばし》付近）に堆積した土砂を掘削して水はけを良くするためだったと伝えられています。

仁徳天皇の後、桓武天皇の時代、和気清麻呂《わけのきよまろ》によって、淀川の洪水を神崎川へ分流するため三国川が開削されました。これ以降も淀川に関する治水事業は行われてきましたが、いずれも地先における局所的な事業でした。

淀川の姿を大きく変えたのは、豊臣秀吉です。秀吉は京都と大阪を結ぶ軍事道路を兼ねた連続堤防「文禄堤《ぶんろくてい》」を淀川左岸に築きました。文禄堤は京街道または大坂街道とよばれ、その名残は現在も守口市域などで見ることができます。

文禄堤を築いた秀吉は、京都南部においても大きく淀川の姿を変えました。宇治川の付け替えです。当時、宇治川、桂川、木津川の三川は京都南部にあった巨椋池《おぐらいけ》（一九四一年の干拓により消滅）に流入していました。秀吉は伏見状築城にともない、その外堀として利用するため、また伏見港の水運に資するため、宇治川の本流を伏見城が築かれた丘陵に沿うように付け替えました。もともと低地の巨椋池に流入していたものを強引に堤防で押さえこみ、標高の高いところへ付け替えられた宇治川は、その後幾度も堤防を決壊させ、今日にいたるまで極めて不自然で、危険な地域を造りだしてきたのです。

秀吉は、「露とおち　露と消えにしわが身かな　なにはのことは　夢のまた夢」という辞世の句を詠んで世を去りました。この危険な宇治川付け替えに対して、秀吉に文句のひと言も言いたい気持ちですが、言えば、「私のやったことは確かに不自然で、危険な地域を残すことになってしまったが、その後、おまえたちがやってきた治水は、もっと不自然で脆い地域を造っているではないか」と反論されそうです。それでは、近代以降、現在まで淀川でされてきた近代治水事業の歩みを見てみましょう。

現在の淀川を造った淀川改良工事

一八八五（明治一八）年、枚方市三矢地先で淀川の左岸堤防が決壊しました。この洪水を契機に制定された河川法は、国家による洪水対策を法律として位置づけました。これを受けて行われた淀川改良工事（一八九六〜一九一〇年）は、①瀬田川浚渫《しゅんせつ》と洗堰《あらいぜき》設置、②宇治川の巨椋池からの切り離し、③新淀川開削と毛馬《けま》水閘門《すいこうもん》設置の三つから成り、現在の淀川の姿を造りました。

瀬田川の浚渫は、瀬田川の洪水流下能力を増大させ琵琶湖沿岸の洪水氾濫《はんらん》を減少する目的で行われ、平常時の下流への流量調節と淀川の洪水時に琵琶湖からの洪水流下をふせぐために、瀬田川洗堰が設置されました。宇治川を巨椋池から切り離すことで、宇治川、桂川、木津川の三川は巨椋池と接することなくそれぞれ連続した堤防で分離されたまま合流し、淀川本川として流れ下ることとなります。これによって巨椋池周辺の湛水被害は少なくなり、その後の巨椋池干拓事業を可能にしました。しかし、それまで上流からいったん巨椋池に流れこんだ後、徐々に淀川本川に流出していた洪水は、エネルギーを解放されることなく、そのまま下流へ流れていくこととなりました。新淀川の開削は、大阪市内を洪水か

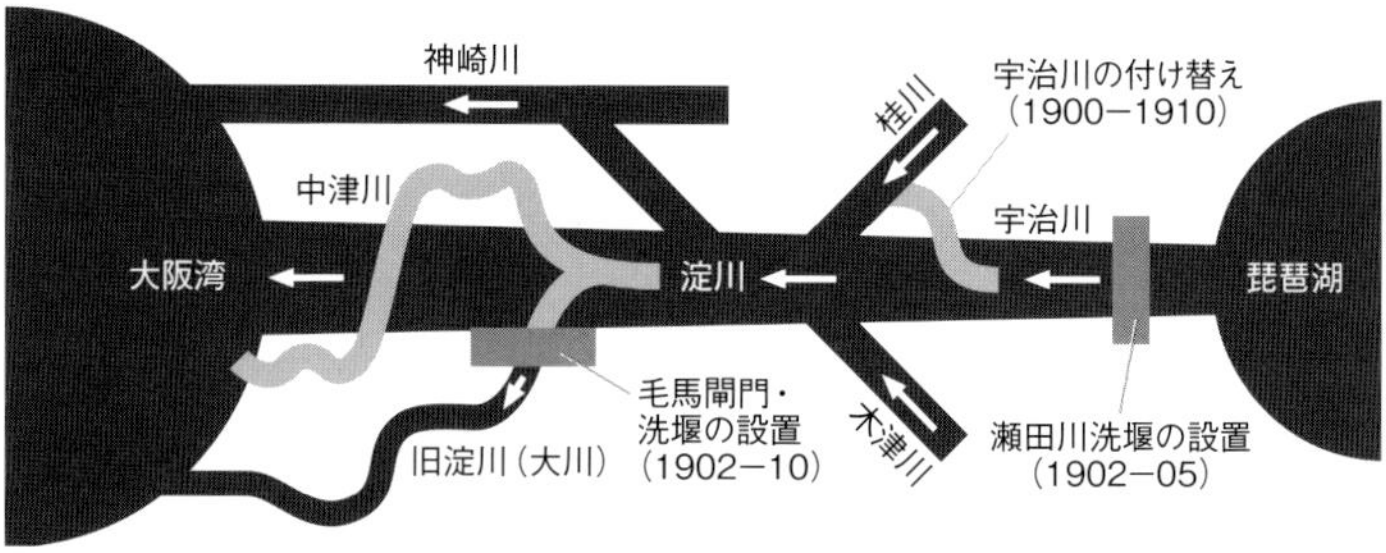

淀川改良工事(1896〜1910年)の主な工事

ら守り、同時に大阪港の土砂堆積を防ぐことを目的として実施され、新淀川から旧淀川(大川)への流量調節と舟運のために毛馬水閘門が設置されました。

瀬田川洗堰や毛馬水閘門という施設による流量調節、連続堤防によって洪水を川に押しこめいっきに海へ流下させること、これらに近代治水事業が目指した方向、すなわち「近代技術による淀川の制御」を見ることができます。この考えが、現在まで、我が国の治水の主流になったのです。

近代技術による制御の限界

淀川改良工事は、一九一〇(明治四三)年完成しました。当時の住民は、高く、丈夫そうな連続堤防を眺め、もうこれで洪水被害を被ることはないと安心したことでしょう。一方で、オランダから招いたお雇い外国人技師デレーケは次のように報告書に記述しています。

> 単ニ土砂ヲ盛揚ゲル堤防ハ、其面ヲ草ヲ生ジタル上之ヲ見レバ宛モ牢強ナルニ似タリト雖ドモ、其実堤蔭ニ住スル人ノ為ニ甚ダ危険ナリ

もともとデレーケは、巨椋池を残すことによって宇治川の流量を自然調節することを主張し、宇治川

の付け替えや瀬田川洗堰の設置は不必要だとしていましたが、フランス留学から帰国した内務官僚沖野忠雄は、巨椋池の遊水池機能は瀬田川洗堰の操作によって代替できるとし、結果的に彼の案が採用されたため、今の淀川の姿となったのでした。

デレーケの指摘どおり、淀川改良工事完成からわずか七年後、淀川は高槻《たかつき》市大塚地先において、右岸堤防を決壊させました。この破堤を受け、一九一八（大正七）年から一九三二（昭和七）年にかけて淀川改修増補工事が実施され、堤防はさらに高く構築されました。そして、淀川沿川の湿地、田畑は次々と住宅や工場などに変わっていき、都市化した高度な土地利用がなされていったのです。

それから三十数年を経た一九五三（昭和二八）年九月には、一三号台風が秀吉が築いた宇治川の左岸堤防を切り、一九四一（昭和一六）年に干拓された巨椋池を再現させました。巨椋池干拓地はほとんどが農地でしたが、もしこの時、宇治川が切れなければ、淀川本川の堤防が切れ、住宅などに格段に大きな被害が出たと考えられます。

このように、大規模な河川改修工事で人間の制御下に入ったと考えられた淀川では、堤防決壊、改修工事がくり返されてきたのです。洪水被害を受ける、目標流量を決める、目標流量を川の中に押しこめるため河川改修を行う、川改修によって、沿川の土地利用が高度化する、一方、川に押しこめられた洪水エネルギーは集中し、高まる、そこに未曾有の大雨が降れば、堤防決壊、土地利用高度化により人口・資産が集積した地域における洪水エネルギーの集中と高くなった堤防の決壊が、より大きな壊滅的な被害を生じさせる。改修工事、沿川の開発、堤防決壊、洪水被害のイタチごっこです。

淀川水系工事実施基本計画　一九七一（昭和四六）年に策定された淀川水系工事実施基本計画もまた、依然としてそこから脱却できませんでした。すなわち、計画降雨規模を二百年に一度（1／200）発生する大雨と設定して、計画規模降雨によって発生すると算定した洪水流量をダム等の施設で貯留し、残りを河道に押しこめて流下させる、という考え方です。

淀川で河道に押しこめようとした洪水量は毎秒一万二〇〇〇立方メートル。この洪水量を流下させるために、もっとも有効な対策は川幅を拡げることです。しかし、当時、すでに淀川沿川には人家が密集している区域が広く分布しており、川幅の拡幅は選択されませんでした。

川幅を拡幅せずに、洪水の流下能力を増大させるには、堤防を嵩上げするか、川底を掘削するかです。淀川沿川には、海面よる標高が低いゼロメートル地帯を含め、淀川の堤防高より低い土地が拡がっています。このような地域に対して、淀川の堤防をさらに嵩上げすることは、堤防決壊時の被害が壊滅的となる可能性を高めることになるため、避けなければなりません。

そこで選択されたのが河床掘削です。川の中央部を一定の深さで掘削し低水路を整形して流下断面を増大させるとともに、両岸に平坦な高水敷を造成しました。ワンド（本流の脇に連なるプール状の浅い水域で、淡水魚の重要な生息地）の破壊に対する学識経験者や市民の批判をふまえて、城北ワンド群など一部の箇所を除き実施された河床掘削と高水敷造成は、それまでに、流水と土砂の相互作用により形成されてきた瀬と淵、溜まり、河原など変化に富んだ地形を、定規で作図したような直線的で単調な断面に変えました。

一九七一年以降、淀川では営々と河川工事が行われてきましたが、いまだ計画降雨規模に対するダムと毎秒一万二〇〇〇立方メートルを押しこめる河道や完成しておらず、この先いつになれば完成するのかという見通しも明示されていません。また、仮に対応する計画が完成したとしても、想定より大きな規模の洪水が発生すれば、計画は破綻します。さらに、破綻した際には、二〇〇分の一対応の対策を行ったがゆえに、さらに壊滅的な被害を招く可能性があるのです。

洪水から住民の命を守る

治水の根幹的目的は、「いつ、どこで、どのような規模で発生するかわからない洪水に対して、住民の命を守ること」です。そして最優先で守るべきは、決して五十年、百年先の住民の命ではなく、現在生きている住民の命でなければなりません。しかし、これまでの治水の考え方は、「想定した規模の洪水に限って、いつの日にか防ぐ」というものです。いつ完成するかの見通しがない治水事業では、つねにダムを建設し、河川工事を続けることができます。また、仮に堤防決壊によって多数の人命が失われても、「整備途上であるから」、「計画規模洪水以上の規模だったから」と責任を回避できるのです。これは、事業主体にとってきわめて都合のよい考え方であり、明日起こる洪水に命を奪われるかもしれない住民の視点が欠落していたのです。私たちはもう一度治水目的の原点に立ちかえり、治水の考え方を転換しなければなりません。

ゆるやかに水嵩が上昇、下降する浸水で、住民の命が失われる危険性は小さいものですが、水深が五〇センチであっても、流速が一メートル毎秒もあれば、人は立っていられず流されてしまうことからもわかるように、危険性が大きいのは、堤防の決壊により氾濫流に押し流される場合です。住民の命を守るという観点からは、急激な流れをともなわない「浸水」と、急激な流れのエネルギーをともなう堤防決壊による「氾濫」との違いを充分に認識しておく必要があります。この認識の欠如あるいは軽視が、これまで治水の進め方を誤らせてきたのです。

住民の命を守るための治水で最優先として行われるべきは、堤防決壊前に速やか、かつ安全に避難するための体制整備と人家密集地域における堤防決壊の回避です。そして堤防決壊の回避のためには、既存堤防の応急的な補強と同時に治水の考え方における一八〇度の転換が必要です。

堤防決壊の回避に向けて――応急的補強

土砂を盛り上げた堤防は頑丈そうに見えますが、その実は脆弱《ぜいじゃく》な構造物です。高さが一〇メートルにも及び、その直下に人家が密集している淀川の堤防が、土と砂を盛り上げた構造物であることに不安を覚えないとすれば、まったくの危機意識の欠如であり、堤防は決壊するものであると開き直るのであれば、住民の命を守ることを放棄した無責任極まる姿勢といわざるをえません。

堤防が決壊する原因をあげましょう。①浸透による決壊は、川の水が堤防にしみこんでいき、水分を多く含んだ堤防の土砂の強度が低下して堤防が破壊にいたるものです。②洗掘による決壊は、川の水流が堤防側面を洗い流し、削りとっていくことによるものです。③越水による決壊は、川の水位が上昇して堤防の上を乗り越え、人家のある側の堤防の斜面を流し削りとることによるものです。ちなみに、我が国でこれまでに発生した堤防決壊の原因は七~八割が越水によるものです。

現行の河川整備の基本は、計画高水位（河川改修計画上設定した水位であり、この水位に余裕高を加えた高さを堤防高とすることになっている）以下の水位では洪水を安全に流すようにする、というもので、浸透対策と洗掘対策を行い、計画高水以下の水位での堤防の決壊を防ぐというものです。

しかし当然のことながら、現実に洪水時の水位が計画高水位以下におさまるという保証はまったくありません。水位がたとえ一センチでも計画高水位を越えると堤防決壊の恐れがあり、極めて危険であるということであれば、計画高水位以上の堤防天端まで、堤防の補強を行うのが当然の対応です。さらに堤防決壊の原因の七～八割が越水であることをふまえると、その対策も必要です。

堤防決壊の原因はわかっており、決壊の危険性が大きい堤防はどこであるのかについても、ある程度把握することは可能です。一〇〇パーセント防ぐ保証はなくても（ダムをはじめ、どのような構造物であっても、破壊しないという一〇〇パーセントの保証はありません）、格段に抵抗力を増大させる対策はあるのですから、いつ、どのような規模でおこるかわからない洪水に対して、住民の命を守るためには、優先的かつ緊急的に既存の堤防の強化を行うべきです。

「防ぐ」から「しのぐ」へ——治水の考え方の一八〇度転換

明治以降の近代治水は、洪水をダムでコントロールし、洪水を川に押しこめるという発想でした。それがどのような洪水に対しても可能であれば、結構なことですが、自然現象はつねに私たちの想定を越えて起こり、押さえこむことができる洪水には限界があります。大災害が発生するたびに、「こんな降り方は生まれてはじめて」、「まさかの洪水で、想定外でした」といった発言がくり返されてきたことからも、洪水規模を想定して、想定した洪水をコントロールし川に押しこめるという考え方に限界があることは明らかです。それだけでなく、住民の命を守るという点では逆の結果さえもたらしています。

すなわち、洪水を川の中に押しこめるために上流域で連続的な堤防を構築することで、下流へ流下させる洪水量を増大させていること、また、高さ五メートルの堤防より一〇メートルの堤防が決壊するほうがより壊滅的なダメージを与えることは明らかであり、堤防の嵩上げも、住民の命の危険性を増しているのです。

洪水を無理や押しこめ「防ぐ」のではなく、ダメージを極小にする「しのぐ」という発想への転換がいま必要だと思います。私たちは、「しのぐ」という発想の具現化を桂離宮に見ることができます。

桂離宮は、京都洛西の地、桂大橋西詰めに桂川に接するように位置しています。元和六（一六二〇）年に八条の宮の別荘として建てられて以来、約四百年もの間、桂川の河畔にたたずんでいます。今でこそ、周辺に住宅が建っていますが、近年にいたるまで辺りは田んぼのひろがる低平地でした。このような地形条件のもとで、桂離宮はこれまでに幾度も洪水氾濫を受けてきましたが、それによって破壊されることなく、繊細で美しい庭や建造物を伝えてきました。それは決して桂離宮が洪水に対して頑丈な造りであったからではなく、はじめから洪水氾濫《はんらん》を受けることを前提に建てられたからなのです。

桂川の堤防沿いには約二五〇メートルにわたり、自生する竹を絨毯《じゅうたん》のように編んだ桂離宮独特の桂垣《かつらがき》（笹垣）が、また、表門の両側には細い竹枝を横に密に編んだ穂垣が配されています。じつはこれらの垣は、桂川が洪水氾濫したとき、濁流とともに流れこむ土砂や塵芥を最小限にとどめるフィルター機能を担っているのです。氾濫の後もっともやっかいなのが、堆積土砂や塵芥の処理ですが、それが少なければ、少々浸水しても後の処理は比較的容易といえます。また、中書院や新御殿と呼ばれる建物は、高床式構造になっており、氾濫しても水を座敷には上がらせないという工夫がみられます。

このように、桂離宮は桂川の洪水にあえて逆らわず、柔軟に受け入れはするが、ダメージはできるだけ小さくする、という構造なのです。仮に桂離宮が、桂川をねじ伏せ、氾濫水を一滴も入れない、という構造であったならば、とうの昔に氾濫流によって破壊されていたにちがいありません。

堤防の中に洪水を押しこめるという治水は、いつの日か壊滅的被害を招くだけでなく、河川生態系を破壊しつづけることになります。川に洪水を押しこめ、できるだけ早く下流に流下させるという近代の発想により、必然的に川は排水路になりはてました。変化に富んだ河床は、洪水流下の支障となるものにほかならず、できるだけ平坦に掘削整形されました。また、凹凸のある河岸、植生の繁茂も不都合なものであり、直線的に整形され、コンクリートで覆われてきました。豊かな瀬や淵、たまりやワンド、河原は消滅し、さまざまな環境で生息してきた生き物たちの生態に大きな影響を与えてきたのです。河川環境を再生するためにも、小手先の対策ではなく、治水の考え方を根本的に転換することが必要であると思います。

桂川右岸堤防から見た桂垣

次世代のために大きく舵を切る

中国の治水の神様といわれる禹《う》の考え方は、「分一為九以分殺其激勢（一つの川を九つに分けることで激しい勢いを殺す）」であったという記録があります。中国に限らず我が国においても、古来より洪水対策の基本は、洪水エネルギーの分散でした。洪水エネルギーを薄く、広く分散させることが、壊滅的な被害を回避し、しのぐ知恵だったのです。

ところが近代治水は、降った雨をできるだけ早く川に集め、下流に流すことで、洪水エネルギーの集中を進めてきました。このベクトルを今一度方向転換、流域で水を保持することにシフトしなければなりません。森林の保水力を維持し、田んぼや湿地帯で水を貯め、緩やかに川に流入させる。そしてわざと堤防の低いところ（野越）や堤防の切れ目をつくって（霞堤）、穏やかに洪水を逃がす。そうやって、したたかな地域と川との関係を再構築する必要があります。

当然、川の中だけの対策では不可能であり、森林の保全、土地利用、街づくり、住宅の建て方、税制度・地域振興策等、さまざまな施策を組み合わせ、地域の姿を変えていく流域治水への転換が必要です。この考え方に対して、「もう川の周辺には家が建ち、街ができている。今さら、もう、後戻りはできない」という声も聞きます。しかし、本当にもう、地域の姿を変えることはできないのでしょうか。

川と地域を分断し、氾濫の危険性が大きい土地であろうがなかろうが、同じように開発しつづけ、極めて危険な地域づくりと河川環境の破壊を押し進めてきたのは、この五、六十年のことです。何百年、千年と続いてきた川と人間の関係は、この五、六十年で変わったのです。「もう後戻りできない」と、手をこまねき、従来のやり方でつき進んでいくことは、まさに氷山を目前にし、舵《かじ》を切らないタイタニックそのものです。

最古最大の都市河川

坂東太郎、筑紫次郎、吉野三郎という言葉があります。日本を代表する大きな河川、利根《とね》川、筑後《ちくご》川、吉野川の呼び方です。淀川はなぜこれらの河川と並び称せられなかったのでしょうか。それは、淀川が別格だからです。我が国の都は、明治に東京に移るまで、すべて淀川流域に位置しています。淀川は古代以来、我が国の歴史の中心的舞台であり、我が国の母なる川だからです。また、上流から大阪湾にいたるまで、ほとんどすべて都市部を貫流していることでも、利根川、筑後川、吉野川あるいは木曽川など他の大きな川と違っています。淀川は、我が国でもっとも古く、もっとも大きな都市河川です。都市河川であるがために、流域に住む住民の生き方、社会のあり方がより顕著にその姿に反映されるのです。

これまで述べてきたように、淀川が排水路・用水路になり、川でなくなったこと、土と砂で出来た長大な堤防により、地域と川が分断されたことが、私たち住民の命にとって極めて危険であり、川に生息する生き物たちを絶滅においやっていること、また私たちが小さい頃、泳ぎ遊んだ川で、自分の子どもや孫たちを泳がすことができなくなっていること、これらすべての原因は、淀川ではなく、その流域に住んでいる私たち住民の生活の仕方、生き方にあるのです。逆に、私たちの生活の仕方や生き方を変えれば、淀川は再び蘇生し、私たちと折り合った存在になってくれるでしょう。

淀川水系流域委員会　二〇〇一（平成一三）年二月にスタートした淀川水系流域委員会は、淀川水系の河川整備計画を策定するうえで学識経験者の意見を聴くために国土交通省によって設置されました。淀川の現実を現地で確認して、共有し、課題を実感したうえで、これまでの河川整備の方策を根本的に変えようとしたのです。そして、その方向に国土交通省の職員も含めて動きだしました。しかしその後、どうしても事業実施中のダムを建設したいという力に押し戻され、工事を継続するために、従来どおりの河川整備、想定洪水をダムに貯め、河道に押しこめるための工事が国によってより強力に進められようとしています。

いっぽう、滋賀県や大阪府では先進的に、これまでの治水事業の考え方を転換しようとする動きも生じています。滋賀県では洪水を流域で受け止めて、住民の命を最優先で守るため、土地利用の誘導等にまでふみこんだ流域治水方策を具体的に実施していくための条例の制定が進められています。また大阪府では、これまでの、いつになったらできるかわからない絵に描いたもちの河川整備計画を見直し、ダム本体が発注済みであったダム建設の中止に踏みきりました。さらに、滋賀県、京都府、大阪府や兵庫県が中心となって立ち上げた関西広域連合は、河川の管理をもう国には任せられないとして、管理の移管を要求して、真に住民の命を最優先とした地域による治水対策を実施しようと動きだしました。

我が国の歴史上、最初の治水事業が始まったのは淀川です。明治時代、近代治水事業大規模に始められたのも淀川でした。今、私たちは工事を行うための治水から住民の命を最優先で守り、河川環境を再生するための治水への転換ができるかどうかの分岐点に立っています。流域の上下流が、各地域の特性と現状をふまえて一体的に連携し、川と地域の再生に向けて、大きく舵を切ることが、全国に先駆けて淀川から始まることを念じています。

（宮本博司）

II

絵図からみた淀川

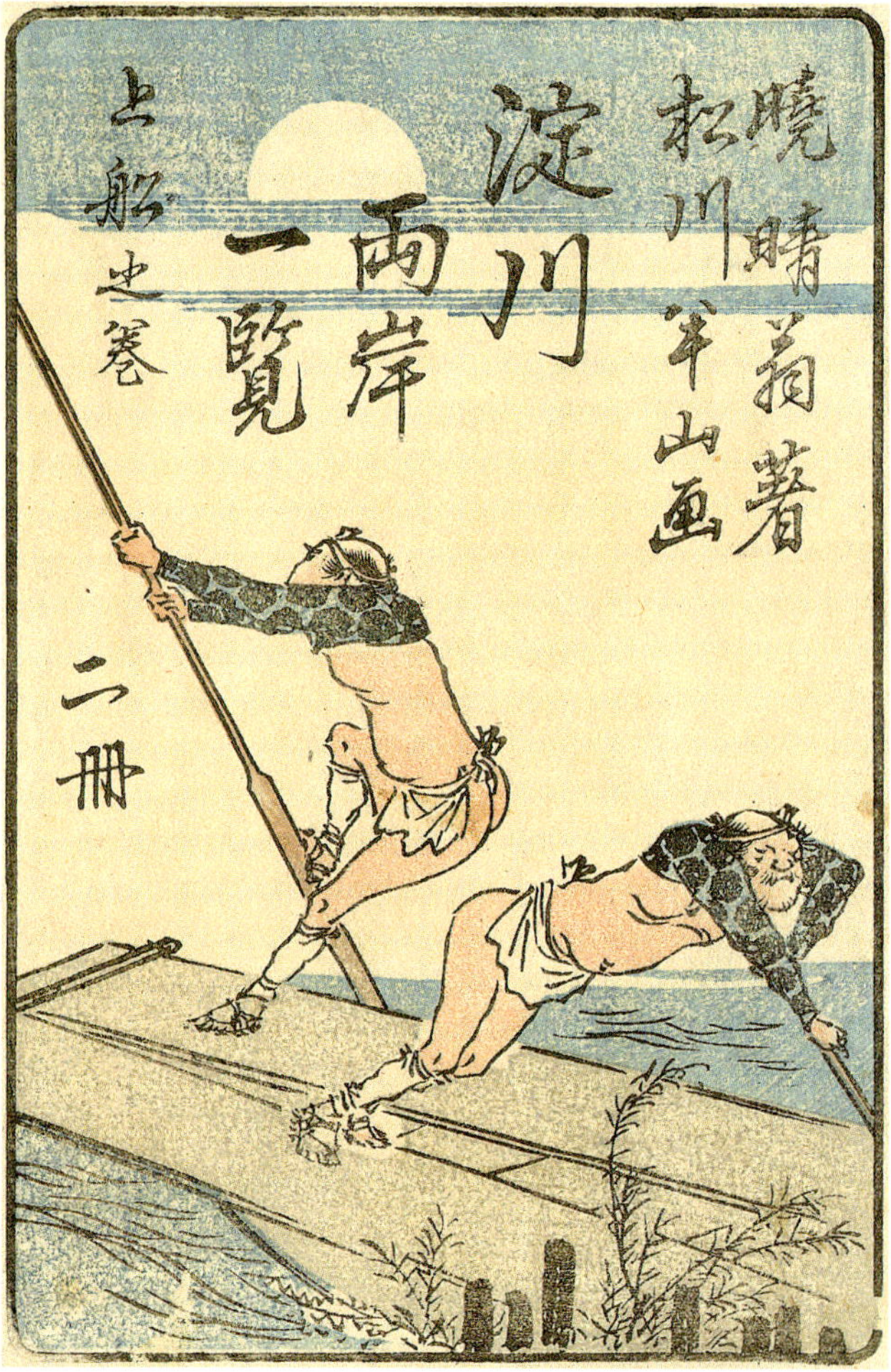

◆「名所図会」と大阪

本書で取りあげる『淀川両岸《よどがわりょうがん》一覧《いちらん》』は、文久元（一八六一）年に刊行された四巻四冊からなる名所案内記です。書名に「名所《めいしょ》図会《ずえ》」の文字こそありませんが、同じ性質をそなえています。

そもそも「名所図会」は、各国・各都市や各街道沿いの名所や旧跡について、詳細な説明文と写実的な挿絵とで紹介した、地誌に分類される図書です。こうした江戸時代後期に流行した「名所図会」のうち、現在の大阪府域を取りあげたものは次の

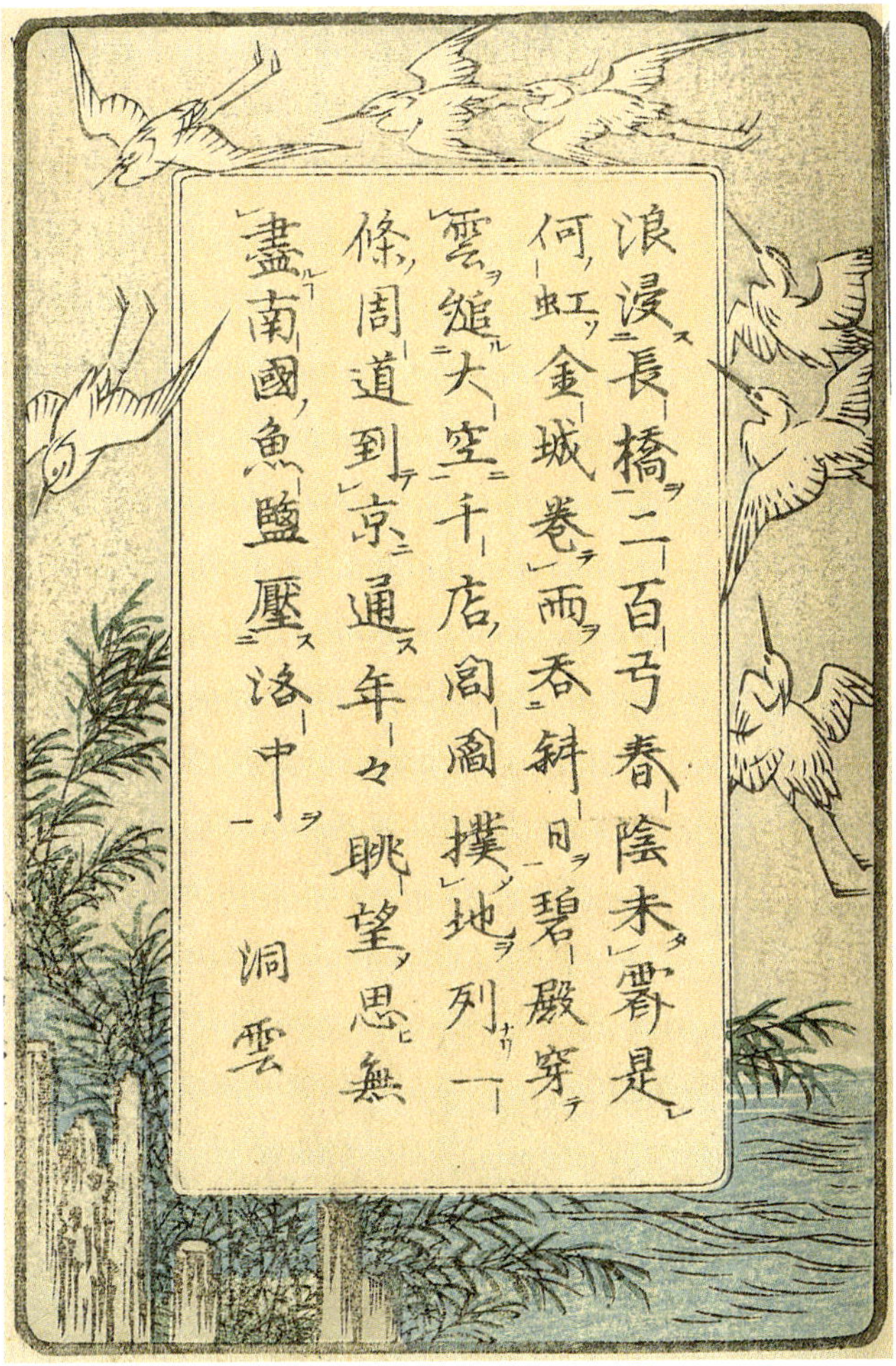

右・「上船之上巻」扉絵
左・山本洞雲の漢詩

とおりです。

・『住吉名勝図会』　五巻五冊
寛政六（一七九四）年刊

・『摂津名所図会』　九巻十二冊
巻七〜九　寛政八（一七九六）年刊
巻一〜六　寛政一〇（一七九八）年刊

・『和泉名所図会』　四巻四冊
寛政八年刊

・『河内名所図会』　四巻四冊
享和元（一八〇一）年刊

・『天保山名所図会』　二巻二冊
天保六（一八三五）年刊

・『淀川両岸一覧』（略）

江戸時代の大阪府域は、大阪府北部と兵庫県南東部とをあわせた摂津《せっつ》国、淀川以南から生駒山の麓にひろがる河内《かわち》国、さらに大和川以南の和泉《いずみ》国の三カ国にわかれており、「摂河泉」などと呼ばれていました。ですから、前述したとおり、各国の「名所図会」が出版されていたのです。なお、『住吉名勝図会』は摂津国の一之宮である住吉社を、『天保山名所図会』は天保二（一八三一）年の「天保の大川浚《ざら》え」で浚えた土砂を活用してつくられた天保山を、それぞれ紹介する目的で出版されました。

　こうした各国・各名所にあわせて編集された「名所図会」に対し、『淀川両岸一覧』は京坂をつなぐ水路である淀川・鴨川に沿った名所を紹介しています。また、前者がモノクロであるのに対し、淡彩色刷りの挿絵を採用しています。本の大きさも、前者が大本（およそB5版サイズ）、後者が中本（およそB6版サイズ）に仕立てられています。このような違いがある一方で、誌面構成や本文はほぼ同様の内容になっているために、両者を同じ地誌、名所案内書として捉えることができるのです。

＊

『淀川両岸一覧』は、暁鐘成《あかつきかねなる》が編著を、松川半山《まつかわはんざん》が挿絵を担当し、出版されました。ともに大坂の人です。

　鐘成は寛政五（一七九三）年に大坂西横堀福井町の醤油所泉屋太兵衛の庶子として生まれました。編著である『天保山名所図会』をみると、天保期には心斎橋通博労町北入西側で鹿廼家《しかのや》という古物や有職飾りなどをあつかう店を営んでいたことがわかります。文人墨客を主客として繁盛した鹿廼家ですが、質素倹約を旨とする天保の改革に際し、店をたたまざるを得なくなります。その後、天王寺平野町十丁目、難波村瑞龍寺門前と移住し、最晩年には生誕の地である福井町を住処としました。歴史や地理、有職、和歌、神仏などに通じ、画作も著述もおこなうという博識多才ぶりで、多くの著作物を残しました。

　一方の半山は、文政元（一八

一八）年に大坂西横堀石屋橋のほとりに住む狂歌師鬼拉亭力丸の子として生まれました。十二歳で丹羽桃蹊の門人である菅松峯に入門します。本格的な鐘成との提携は嘉永五（一八五二）年で、三十四歳のとき。二十五歳年上の鐘成は、半山に挿絵をまかせ、これ以後は画作を断念します。おそらく、精緻な風景画を得意としていた半山の画風が、鐘成の思い描く理想のそれと一致したのでしょう。すでに絵師としての名声を得ていた半山の評価は、鐘成と提携することによりますます高まっていったのです。

博識をほこる鐘成と精緻な画風の半山とのコラボレーションにより、「名所図会」はひとつの完成形をみることになります。両者の提携した著作は、鐘成が亡くなるまでの十年間で、十五部にもおよびます。その最後期の二作品が、『淀川両岸一覧』とその姉妹書である『宇治川両岸一覧』なのです。このような経緯をふまえると、両作品こそが鐘成と半山とが作りあげた集大成だといえるでしょう。

＊

本書では、大坂は八軒家の船着場から、摂津国と河内国の間をぬい、山城国との境に位置する橋本、大山崎あたりまで、淀川を往来した三十石船《さんじっこくぶね》の乗客たちが目にしたはずの風景を紹介するという趣向になっています。三十石船以外にも、各所に設けられた渡し場から対岸を目指す渡し舟、三十石船をめあてに酒飯を商った貨食舟《にうりぶね》、大量の物資を積載した天道船《てんとぶね》など、さまざまな船のようすをみることができます。また、淀川両岸に沿ってはしる街道を往来する旅人や里人のすがたも、読者の目を楽しませてくれます。かつては賑《にぎ》わい、いまは失われてしまった水辺の景観を、『淀川両岸一覧』の挿絵をとおしてみてまいりましょう。

なお、橋本、大山崎より上流、山城国《やましろ》のようすは、『京都 鴨川探訪』および『京都 宇治川探訪』をご参照ください。

◆大坂《おほさか》 八軒家《はちけんや》

京阪電車：天満橋駅／地下鉄谷町線：天満橋駅

絵は八軒家の船着場を北西から眺めた景色です。現在の京阪電車天満橋《てんまばし》駅付近に相当し、江戸時代、川と陸とをつなぐ旅客ターミナルとして栄えました。

天神橋南詰の東にあり。京師《けいし》上下の船着にして船宿のきを連《つら》ね、昼夜ともに賑わし。古名を十日宿といふ。大坂古図に見へたり。

この本文の解説から、古くは「十日宿」と呼ばれていたことがわかります。また、「八軒家」

1　大川ゾーン

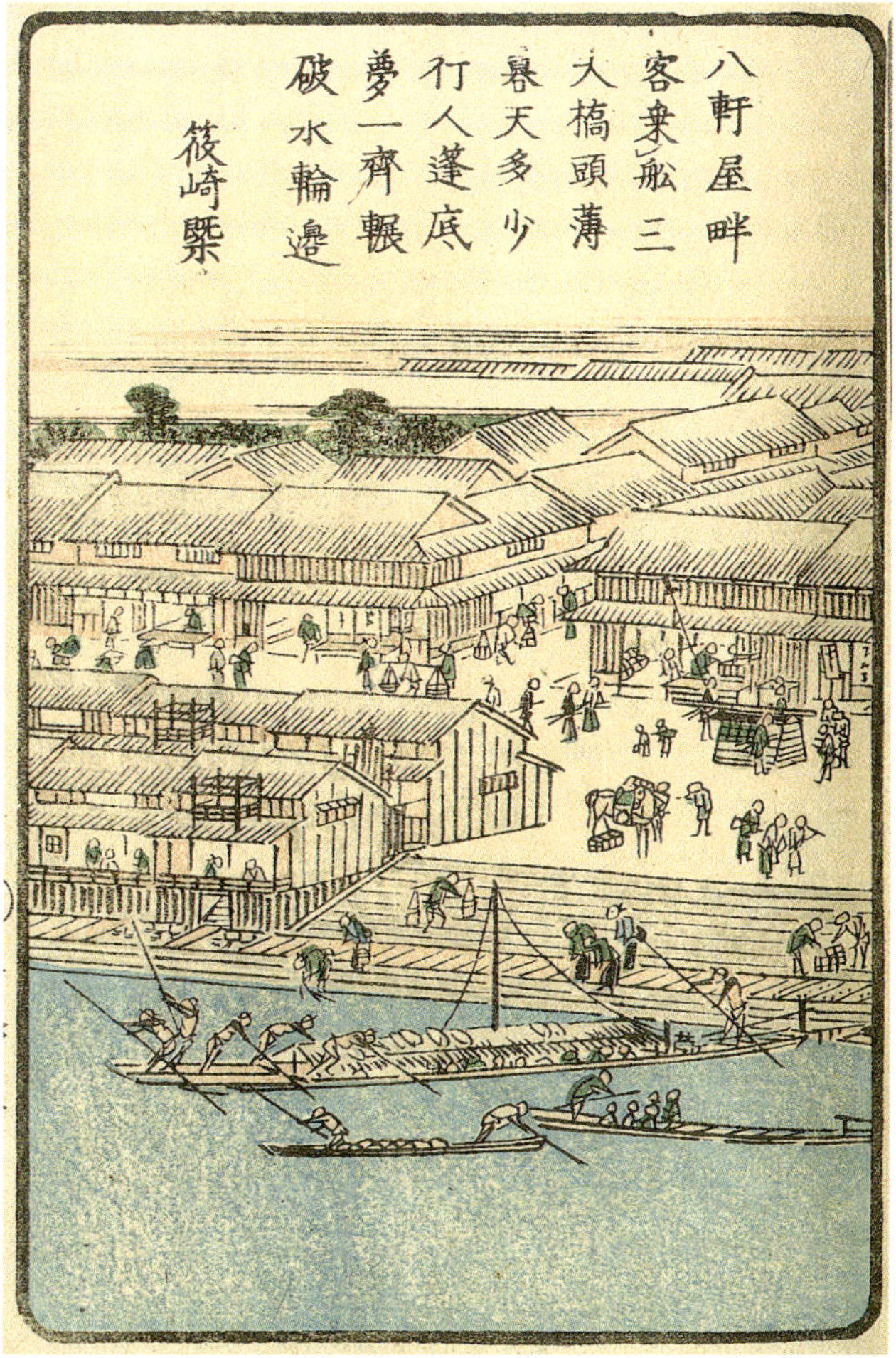
八軒屋畔
客来舩三
大橋頭薄
暮天多少
行人蓬底
夢一齊輾
破水輪邉
篠崎槩

近年、京阪天満橋駅北側には八軒家浜船着場がつくられ、往時をしのぶよすがとなっている。

という名は、この地に八軒の船宿があったことにちなむといいます。

京師への通船は浪花《らうか》市中所々に有といへども当舳岸《ふなつき》を第一とす。

『摂津名所図会』巻四「八軒屋」

所謂《いわゆる》三十石の昼船、夜船、今井船《いまゐせん》は東雲《しののめ》の頃に纜《ともづな》を解て伏見に着岸の早きを誉《ほまれ》とす。さる程に夜舟の下り速きは夜の内に着き、今井船の一番は未明《あさまだき》に発し、夫《それ》より二番昼舟夜船の上り、終船は凡《およそ》亥の刻に及べり。又昼船の下りの遅きも初更《しょかう》を過ることあれば其閑散《そのしずか》なること僅に二時《ふたとき》に過ず、頗《すこぶ》る繁華の地なり。

八軒家から、西に進めば大坂市中へ、南に進めば熊野街道となる。目的地は遠近さまざまですが、船客が上陸する場所として「第一」に選ばれていたのが八軒家でした。

絵をみると、柳が茂りはじめる季節、船着きの賑わうようすが伝わります。左手前には、岸を離れ京へと向かう上り船。船宿の女中、下男が客を見送るすがたがみえます。その後方、絵の右手前には、苫《とま》を外し客を乗せる三十石船。すでに船中の男性は「はよ乗らんと、ええ場所が取れへんで」、岸にいる仲間は「まあ、そう慌てんと」。一艘あたり、水主《かこ》が四名に客が二八名ほど。狭い船内を有効に活用するため、荷物は屋根の骨に吊します。船の中ほどにみえるのがそれ。客が乗りこんだ後、この上に苫を葺《ふ》いて出発となります。

一方、八軒家の浜には乗物にのる旗本や二本差しの武士、日除けの傘を差した女性、子たちが外出するすがたなど、老若男女が行き交います。旅の疲れを癒したり、出立の別れを惜しんだりするために、宿を借りようとする旅人がそここに。とくに川沿いに建つ店は窓からみえる景色もよく、絵に描かれた岸辺の部屋はすべて客で埋まっています。ここから下流域を見渡せば、難波橋《なにわばし》・天神橋《てんじんばし》・天満橋《てんまばし》といった大坂の三大橋を一望することができたのです。

賛《さん》は、右上が蕉門の永田芙雀の句、左上が儒学者で知られる篠崎槩（竹陰）の漢詩です。

いつも〳〵　大江の岸や　けふの月

八軒家の畔、客船に乗る
三大橋、頭に薄暮の天
多少の行人、蓬底の夢
一斉に輾び破る、水輪の辺り

芙雀は大坂の人。いつも利用している八軒家浜で、いつもと違わぬようすの月を眺めたようすを表現しています。一方、槩は江戸の出身で、後に大坂に遊学します。おそらくは京坂を何度も船で往復したのでしょう。その際の状景を吟じています。いずれも、当時の八軒家が多くの人びとに利用されていたことがわかる作品に仕立てられています。

堂島及土佐堀の大流に浮ぶ中之島公園（大正～昭和初期の絵はがき）

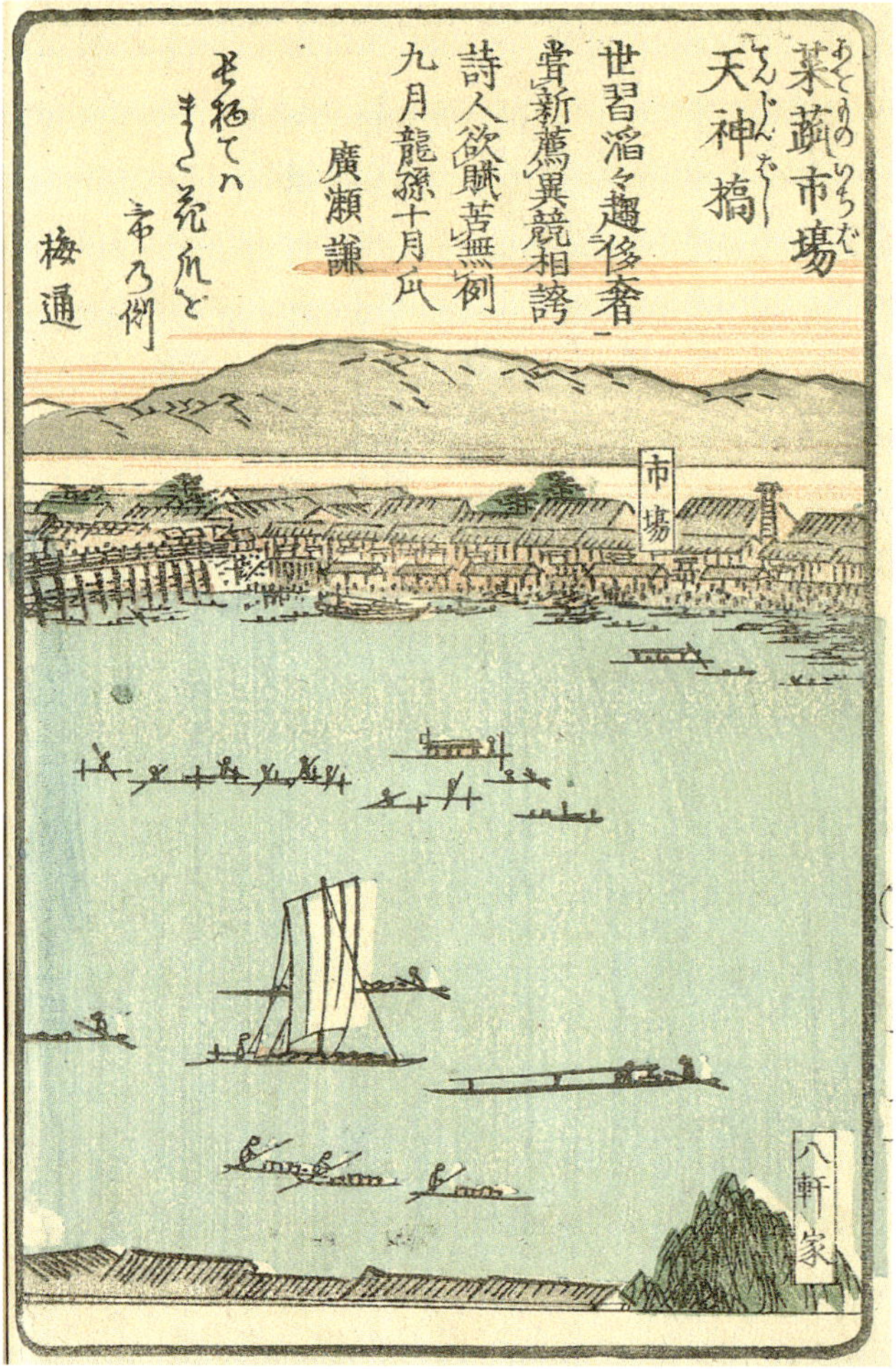

◆菜蔬市場《あをものいちば》 天神橋《てんじんばし》

京阪電車：北浜駅／地下鉄堺筋線：北浜駅

絵は天神橋を南東から眺めた風景です。この橋について、本文には次のように記されています。

当橋の北詰通《どふり》は十丁目條《すぢ》と号し、夫《それ》より数の町々を経て長柄《ながら》の渡口《わたし》に通じ、高槻・山崎を過て京師に至るの街道なり。且《そのうえ》近郷便宜の通路なるゆへ、諸商家軒をならべ、万端《よろづ》もとむるに欠る事なし。さる程に、旅人《りょじん》・遊《ゆう》客《かく》および諸色《しょしき》もとむる農夫、天満宮の詣人《けいじん》、街に混《こん》じ、終日《ひねもす》閑

1　大川ゾーン

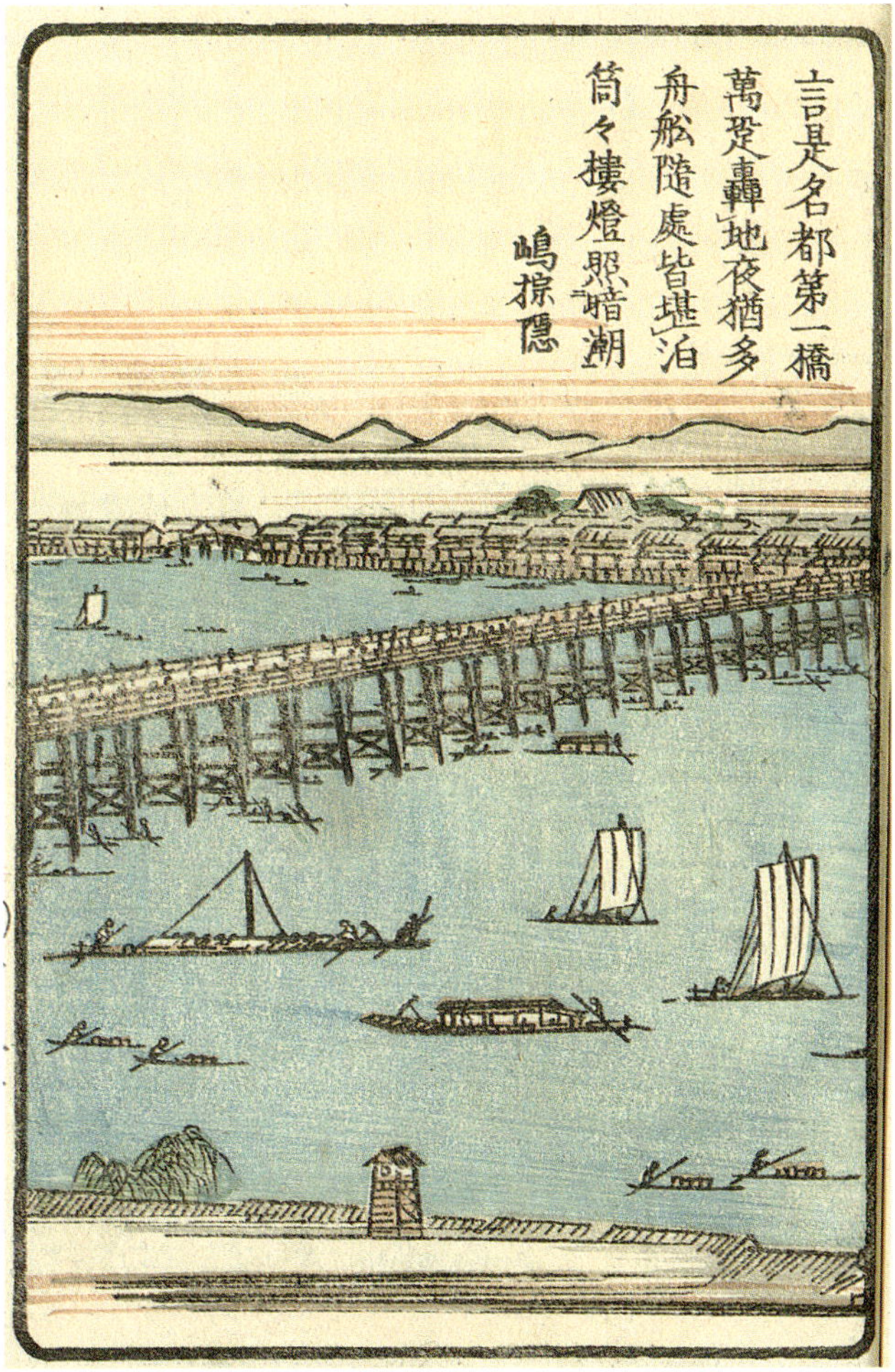

天神橋北詰に青物市場の面影はない。現在は天神橋筋を北上したところに天満市場がある。

静の時をしらず。実に浪花《らうくわ》北方第一の繁華なり。

橋の北詰から北へ向かうと長柄の渡しがあり、そこを渡れば高《たか》槻《つき》・山崎へと続く。そして、京

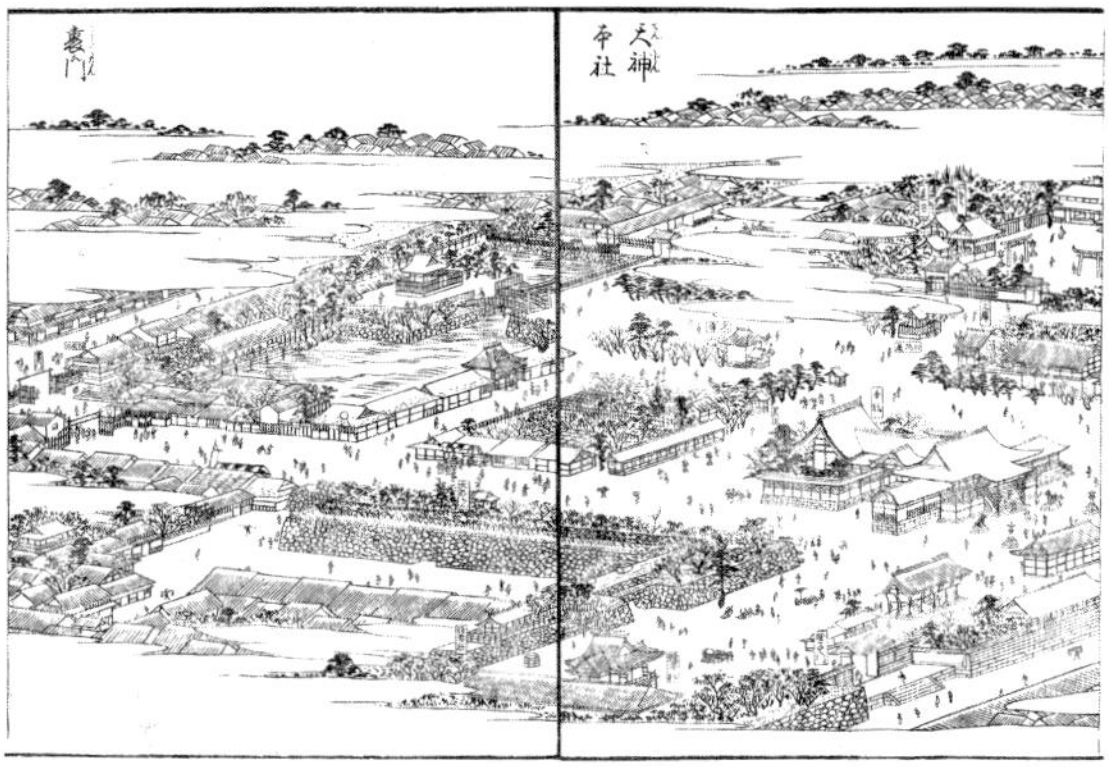

『摂津名所図会』巻四「天神本社」

都に至るのだとあります。この行程はおよそ西国《さいごく》街道に相当します。ちなみに、八軒家浜は南詰のすぐそば。天神橋が「浪花北方」を代表する「繁華」な場所であったのは、こうした川の

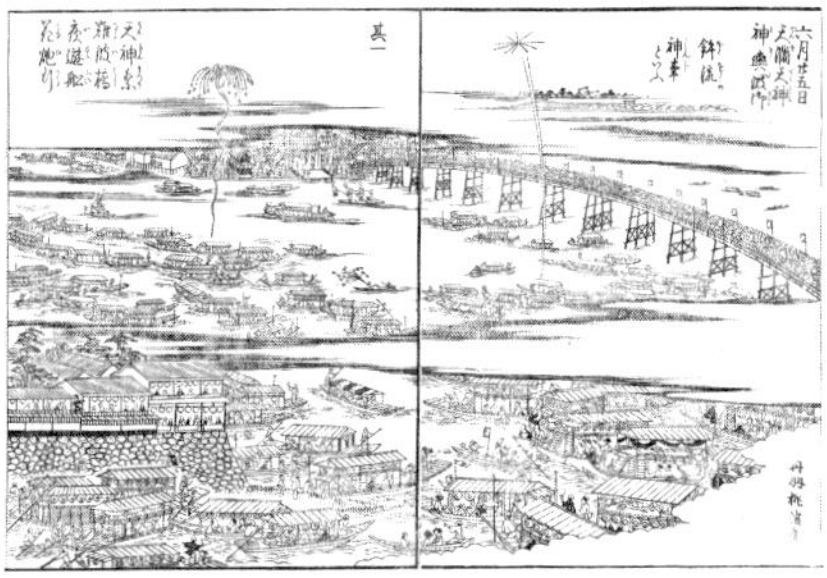

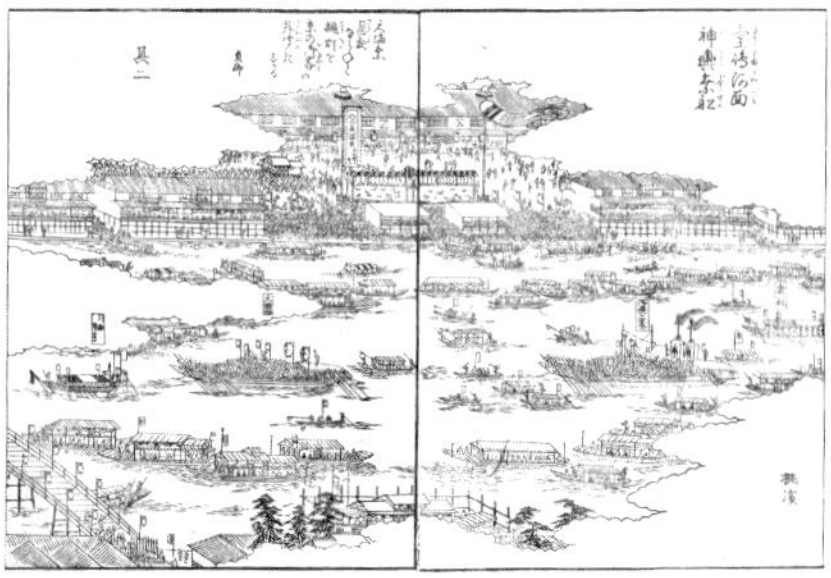

同「六月二十五日 天満天神御輿渡御其一」「其二」

道と陸の道とをつなぐ役割を果たしていたからなのです。「浪花北方第一の繁華」である理由はほかにもあります。江戸時代、橋の北詰東側には市場がありました。絵の右上「市場」とあるのがそれ。

此《この》市場は日々朝毎《ごと》の菜蔬《さいそ》を商ふこと、春の初の初市より、暮の終市《しまひいち》に至るまで一日《ひとひ》も怠《おこた》ることなく、売買市人《うりかふいちびと》、鳥のごとくに集ひ、鱗《うろくず》の如《ごと》く萃《あつま》る。其盛《そのさかん》なること甚《はなはだ》し。原此《もとこの》市場は京橋南詰におひて年久しく有しが、慶安の頃其所御用地となりて、京橋北詰片原町《かたはらまち》に引うつす。然《しか》るに商人《あきふど》の往来《ゆきき》

にわづらひ有とて替地を免《ゆる》され、今の所にうつりて益《ますます》繁栄して賑へり。

本文の解説をみると、売り買いされていたのが「菜蔬」すなわち青物であったことがわかります。ここでは、一年をとおして、近郊で収穫される野菜や果物が売買されていました。そもそもここの青物市は、江戸時代のはじめ頃まで京橋南詰にありました。そこが御用地になったことから、橋の北詰に移されます。さらに京街道を往来する旅人の妨げになるという理由から、天満の地に移されたのでした。

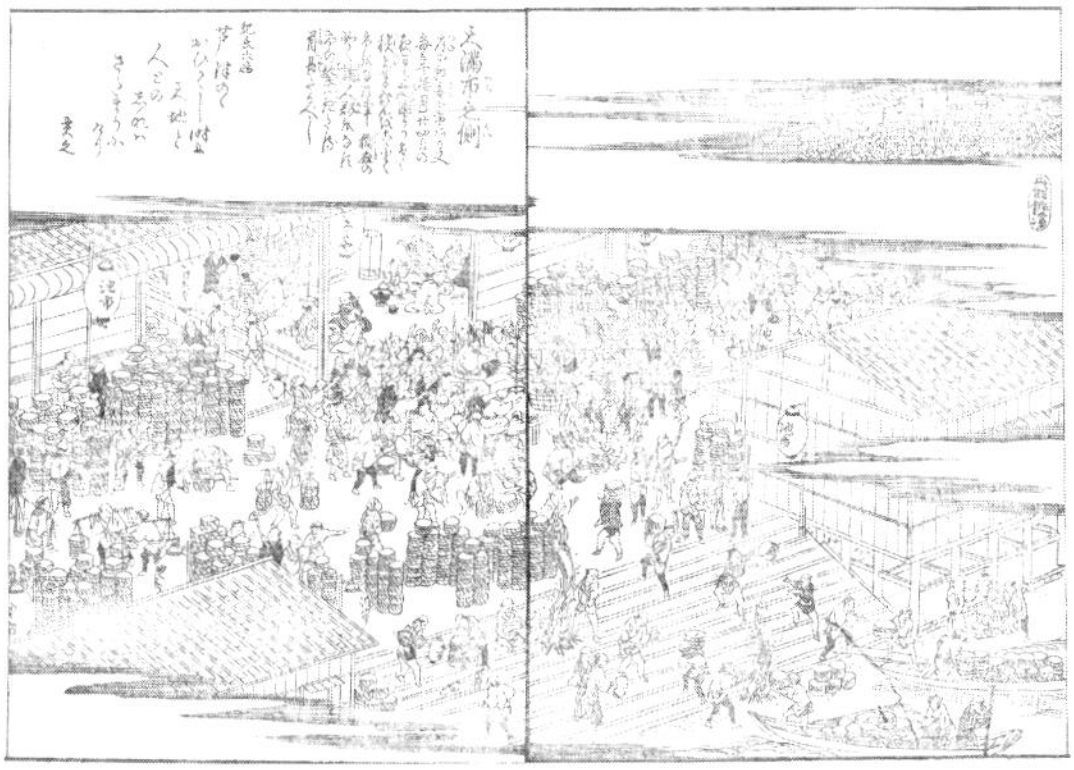
同「天満市之側」

『摂津名所図会』の本文によると、四〇軒の問屋と一五〇軒の仲買がならぶほどの規模だったようです。「春のあした春日野の若菜」にはじまり、師走の「紀の海士《あま》、有田」から持ちこまれる「蜜柑」の大市まで、さまざまな品が取引されます。なかでも重陽の節句にあわせた松茸市、栗市は、提灯《ちょうちん》や松明《たいまつ》で空を照らしながら夜間におこなわれ、多くの人出があったといいます。天神橋の北詰は、「喰い倒れ」の文化を支えた地でもあったのです。

大阪天神橋（大正～昭和初期の絵はがき）

◆其二 難波橋《なにはばし》 鍋島之浜《なべしまのはま》 山崎之鼻《やまざきのはな》

京阪電車：北浜駅／地下鉄堺筋線：北浜駅

江戸時代の「浪花の三大橋」といえば、上流から順に、天満橋、天神橋、難波橋。絵はその難波橋を、南東の北浜付近から眺めた風景です。江戸時代、このあたりは「浪花第一の美景」といわれていたことが、本文に記されています。

現在の難波橋は、中之島《なかのしま》をはさみ、南を流れる土佐堀川と北を流れる堂島川の両方に架かっています。ところが、江戸時代には「当橋の下《しも》より中の島分《ぶん》遶《ぜう》」し、「北を裏川《うらがは》といひ南を

1　大川ゾーン

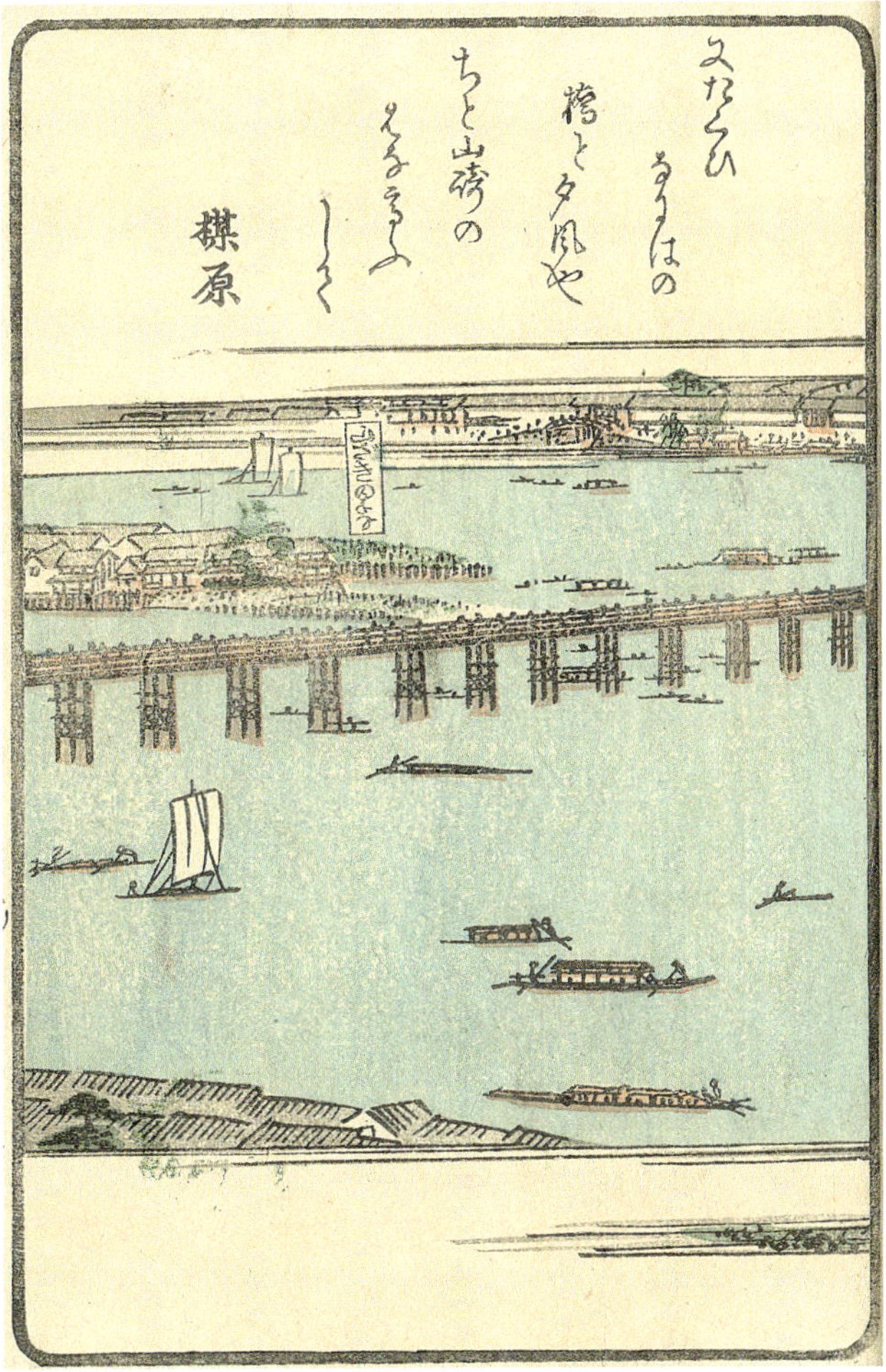

橋、景観ともにかつての面影はない。共通するのは、難波橋が町の経済を支える要であるということ。

土《と》佐《さ》堀《ぼり》」と呼んでいたのだという。つまり、中之島の東端は、難波橋よりも西にあったということなのです。絵の左上に見える「山ざきのはな」がそれ。本文をみると、「はな」には「端」

と「鼻」の両字をあてていたことがわかります。

此所より東方《ひがしのかた》の瞻望《せんもう》、佳景也。風流の貨食家《りやうりや》、富家《ふか》の隠居所《いんきょじょ》などありて、無双勝地《ならびなき》なり。夏夕《なつのゆふべ》は、納涼《すずみ》の遊参船水面《ゆさんぶねみづのをも》に充満し、橋上の往来《ゆきき》、両岸の茶店《さてん》、賑しき事、言《いひ》も尽しがたし。

この「山ざきのはな」から東を望めば、「浪花の三大橋」や大坂城にくわえ、富裕な商人たちの隠居する家屋が甍《いらか》を競うようすがみえ、「無双勝地」であったという。中高層ビルが建つ現代の風景とは、おおきく異なっていたようです。

絵の右上には、幕末の京俳壇で活躍した、伴水園（八木芹舎）の発句。

月と船　すゞしや橋の　右ひだり

また、左上には楳原の狂歌。

またゝぐひなにはの橋と夕風や
ちと山崎のはな高ふして

「月」や「夕風」とあるように、川辺に灯りのともる夜景が、文人たちに好まれていたようです。

絵の上部の対岸は西天満で、鍋島藩（肥前国佐賀藩のこと）の蔵屋敷があったことにちなみ、「鍋島の浜」と呼ばれていました。絵にもみえるとおり、水運に適したこの一帯には、間口を広くとった屋敷が並んでいました。江戸時代初めから元禄一〇（一六九七）年までは北浜に、それ以降は堂島に米市場がたち、各国各地から運ばれてくる米が取引されていました。つまり、市場からほど近い西天満は、格好の集積場だったということ。

この絵の下部、左右に霞がかかっているあたりは北浜です。本文では「金相場浜《きんさうばのはま》」という項目をたて、次のように記しています。

難波橋の南詰、東にあり。北浜一丁目なり。浪花《らうくわ》市中の両替屋、日毎《ひごと》にこゝに集まり金《きん》の売買《うりかひ》をなし、相庭《さうば》を立て金の価《あたひ》を定《さだ》む。浪花の一奇なり。

金相場の地がまだ米市だった頃の女性の成功譚を、井原西鶴の『日本永代蔵《にっぽんえいたいぐら》』にみることができます。「浪風静かに神通丸」には、若いうちに後家となった老婆が、米市の筒落米《つつおまい》を拾いつつ、息子を立派に育てた逸話が登場します。米俵の中身を調べる際、竹筒を差しこんで米を抜き取ります。抜き取った米はわずかな量ですから、地面に捨てられる。これに目をつけ、箒《ほうき》で集め、砂や塵を取り除いて売ったのです。子を抱える女性でも知恵をしぼれば生き残ることができる。当時の大坂経済は、それほどに活況だったということなのでしょう。

江戸時代をとおして、難波橋付近は、経済の中心でもあったのです。

上空より見たる難波橋（大正〜昭和初期の絵はがき）

◆松之下《まつのした》 京橋《きやうばし》 豊前嶋《ぶぜんじま》
◆其二 片町《かたまち》 京街道《きやうかいどう》 川崎渡口《かわさきのわたし》

京阪電車：京橋駅／地下鉄長堀鶴見緑地線：京橋駅／JR東西線：大阪城北詰駅

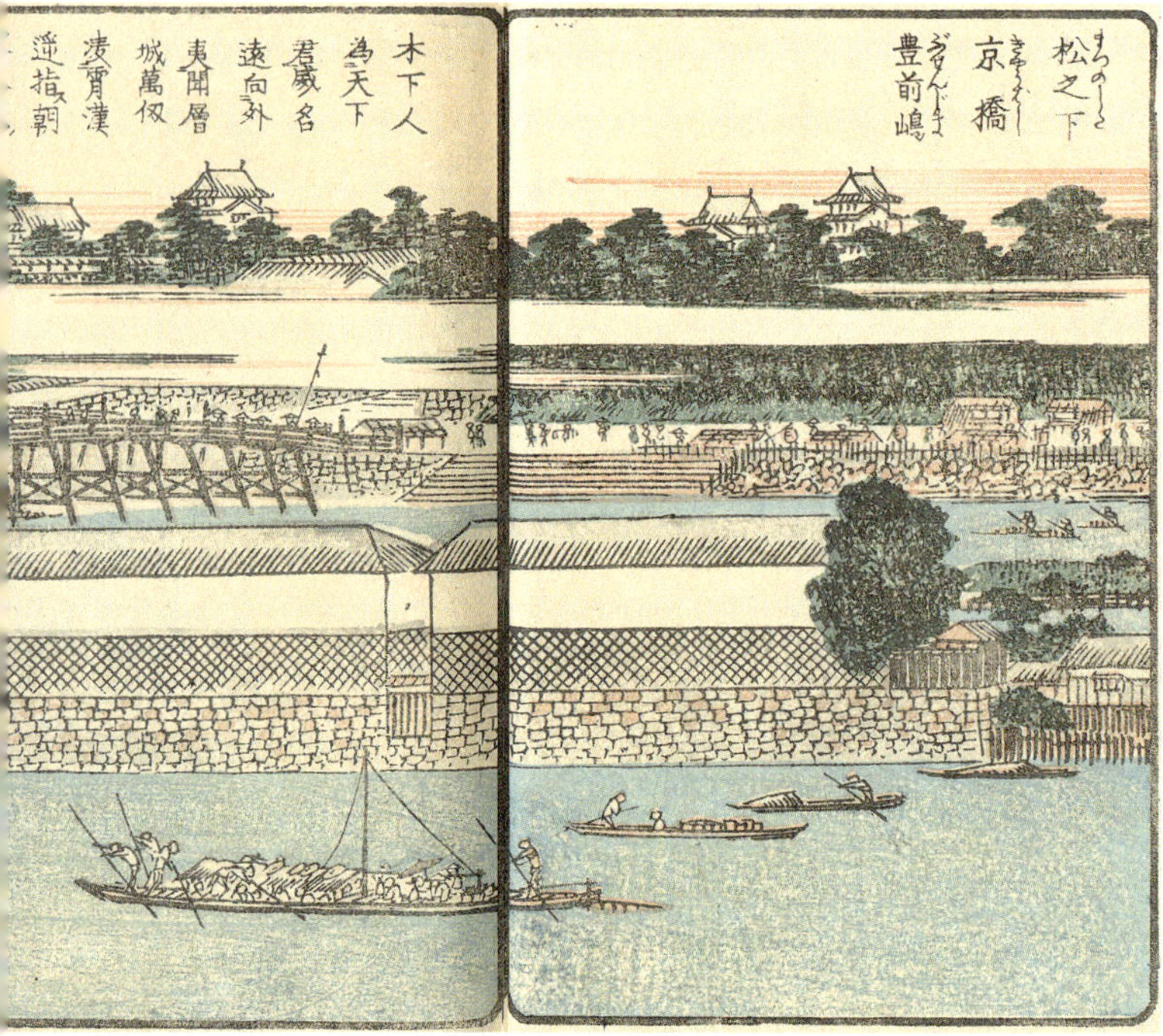

松之下 京橋 豊前嶋

「松之下 京橋 豊前嶋」と題する絵は、北西の方角から京橋南詰を眺めた風景で、これに「其二 片町 京街道 川崎渡口」の絵が続きます。上部、霞の向こうが大坂城です。ただし、霞の向こうにみえる屋根はすべて櫓《やぐら》で、天守ではありません。豊臣秀吉が築いた城郭は大坂夏の陣で焼失し、その後、徳川秀忠により再建されますが、たびたび火災にみまわれました。そして寛文五（一六六五）年の落雷により天守が焼失してからは、再建されることはありませんでした。ですから、この絵が描かれた幕末期にも天守はなかったの

1　大川ゾーン

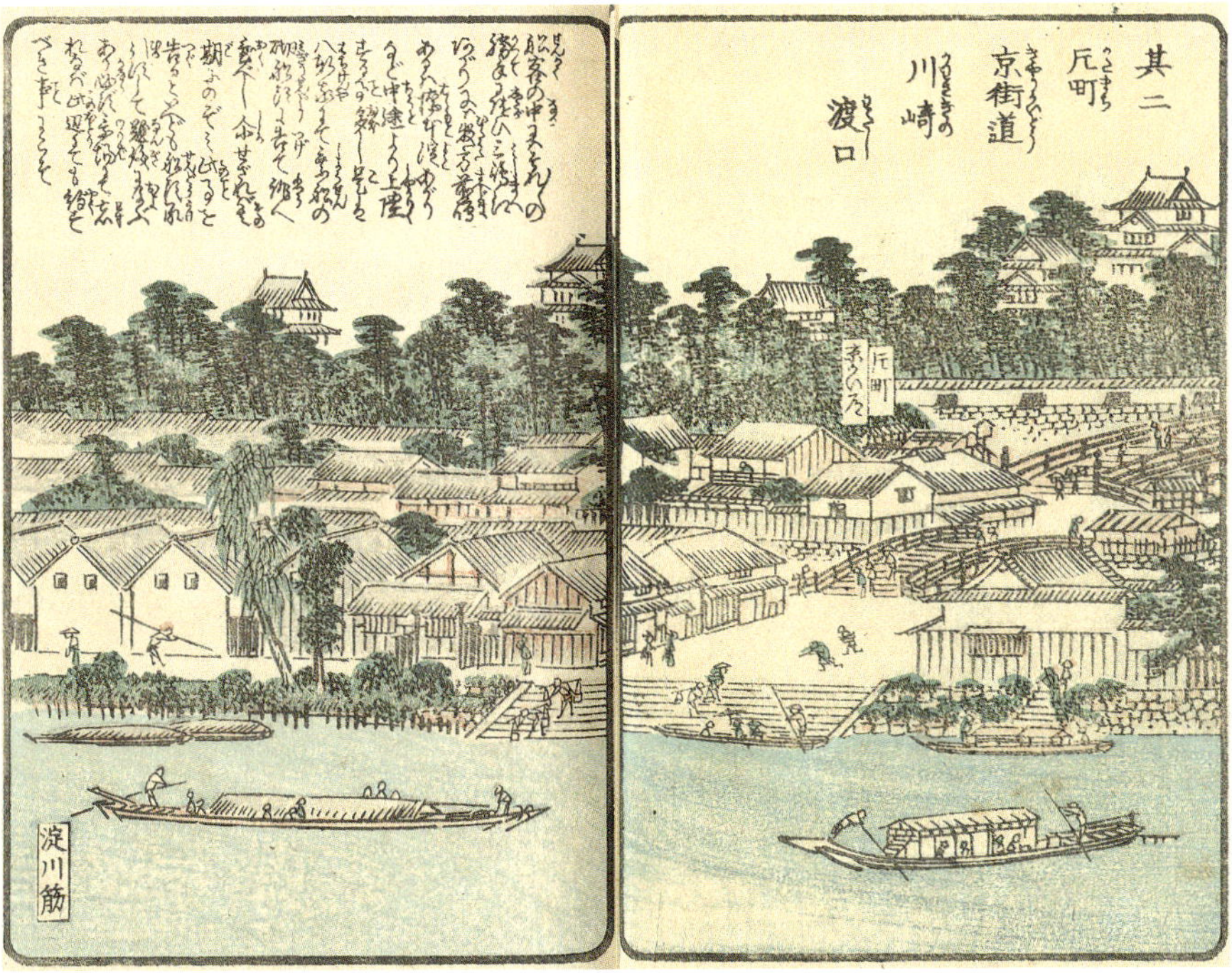

其二 片町 京街道 川崎渡口

です。
「松之下 京橋 豊前嶋」の左上部の漢詩は次のとおりです。

木下の人天下の君と為り
威名遠く外夷に向って聞こゆ

かつての陸の道の役割を、京阪電車が担っている。一方の川の道は、遊覧船の経路として活用されている。

層城万仭霄漢を凌ぎ
遥かに朝鮮八点の雲を指す

儒学者で知られる篠崎槩（竹陰）の作で、「木下の人」つまり豊臣秀吉を偲《しの》ぶ内容に仕立てられています。それに対し、絵には生い茂る松林。また、本文の「松之下」の項目には次のように記されています。

天満橋南詰の東にあり。一町余の間、土堤《どて》に並木の松あり。故に名とす。

『摂津名所図会』巻四「京橋爪 川魚市」

「松之下」という地名と絵に描かれた松林とを目にした当時の読者は、前述の漢詩の内容と対比させたことでしょう。「松」平、つまり徳川家と豊臣家の関係を想起したはず。『淀川両岸一覧』が出版されたのは篠崎槩の死後になりますから、この絵と詩との取り合わせは、編著者のたくみな演出であるといえるでしょう。

ちなみに、井原西鶴の『世間《せけん》胸算用《むねざんよう》』の序文は、「松の風静かに」の書き出しで始まります。西鶴はしばしばこの言い回しを使用していますが、これは松平の治世が平らかであることを表現したものだといわれています。

文学作品に登場するこうしたことばからも、「松之下」の絵の解釈が妥当であることがわかります。

京橋
松の下の東にあり。北詰を相生《あいをひ》西之町と云、俗に片町といふ。京街道の喉口なり。

江戸時代、京へと向かう街道の「喉口」は、また、川魚市場でもありました。

北詰には朝毎に川魚の市ありて殊更《ことさら》賑はし。此市場に清泉ありて、常に湧出《ゆしゅつ》し四面に溢《あふ》る。衆人数《しばしば》愛翫《あいがん》す。

海で獲れた魚の場合、鮮度を落とさぬよう、京橋よりも下流にあった雑魚場《ざこば》で売買されました。川魚の場合には、内陸の地域からも運ばれてくるため、街道の「喉口」にあることが望ましかったのでしょう。ここの魚市では淡水魚を扱うわけですから、魚の鮮度を保つために「清泉」が必要不可欠。さらには、魚を運びこむ人足たちや、街道を往来する旅人たちの喉を潤したのです。

「其二　片町　京街道　川崎渡口」の絵、右中央には「片町　京かい道」の文字。手前を流れる「淀川筋」（現在の大川）とあわせて、ここが陸と川との分岐点になっていました。左上部の解説には次のとおり。

船客《せんかく》の中にはそれ〴〵の勝手に随《したが》ひ、三島江あがり又は枚方《ひらかた》前嶋あるは橋本、淀あがりなど、中途より上陸する事多し。是《こ》は八軒家にて乗船の砌《みぎり》、船頭に告て誂《あつら》へ置べし。尓《しか》せざれば其期《そのご》にのぞみ、此事を告るといへども船頭承引《うけひか》ずして難儀に及ぶあり。必ず乗場にて忘れなば此辺にても約す事にこそ。

旅の御仁、途中下船の場合は、くれぐれもご注意を。

◆其三　網嶋《あみじま》

◆其四

京阪電車：京橋駅／地下鉄長堀鶴見緑地線：京橋駅／
JR東西線：大阪城北詰駅

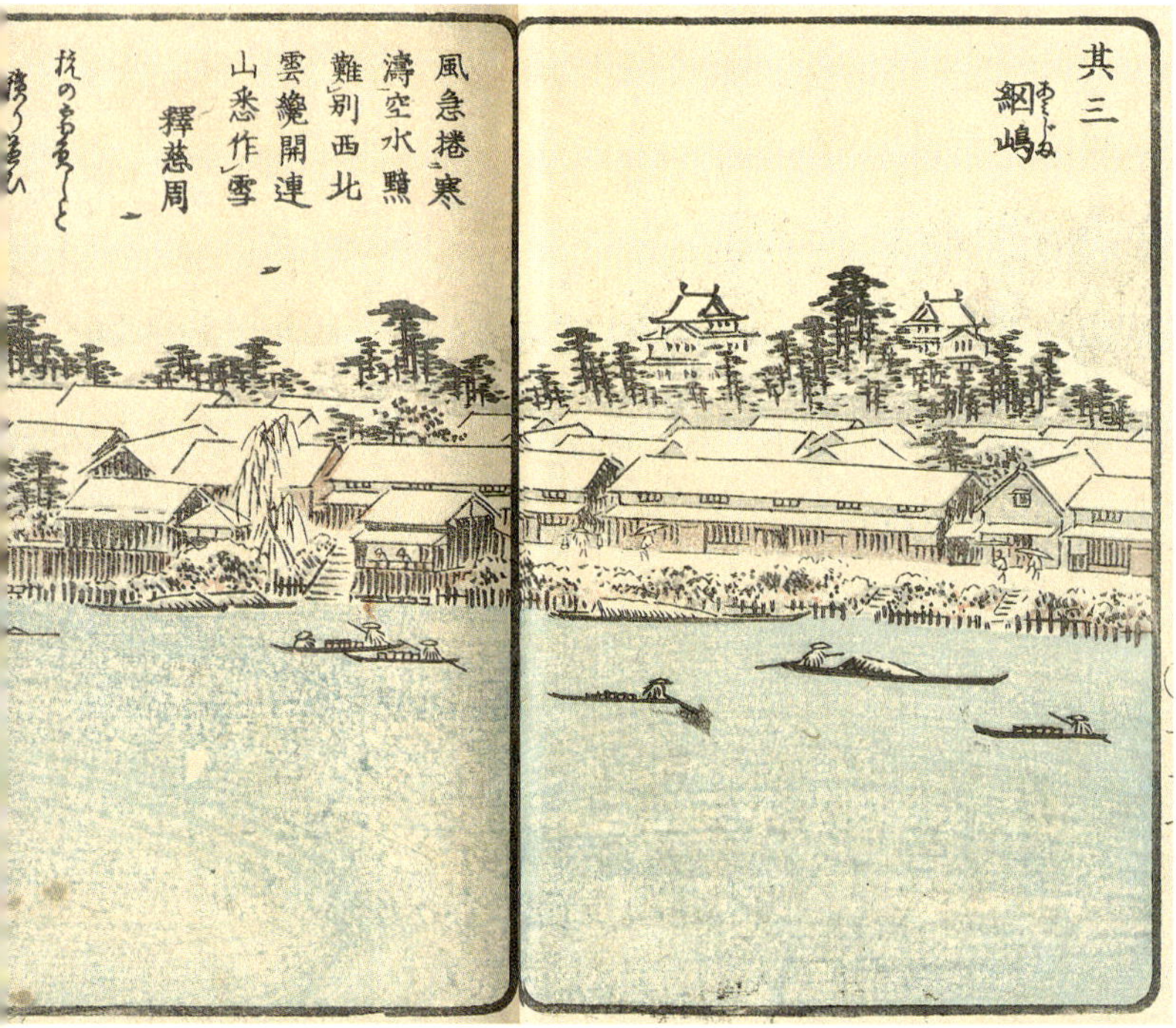
其三
網嶋
風急捲寒
濤空水黯
難別西北
雲纔開連
山悉作雪
釋慈周
其三網島

絵は現在の大川右岸から左岸の網島付近を眺めた風景です。網島について、本文は次のように記しています。

此地は淀川の側《かたはら》なるゆへ、前には淀川の流れ潔く、浪花《らうくわ》の通船《つうせん》、釣船、網舟、遊参《ゆさん》の楼船《やかたぶね》、終日《ひねもす》往来《ゆきき》し、東には河内《かわち》、大和の山々見《みえ》わたりて、瞻望《せんもう》ことに絶景なり。さる程に富家《ふけ》の別宅、雅人《がじん》の閑居《かんきょ》、風流の貨食家《りやうりや》等ありて、頗《すこぶ》る遊楽の雅地《がち》なり。原来《もとより》此辺《ほとり》は漁家《ぎょか》多く、常に軒端《のきば》に網を干すよりして、網島と号《なづ》けしなるべし。

江戸時代の網島は、淀川の流れと生駒

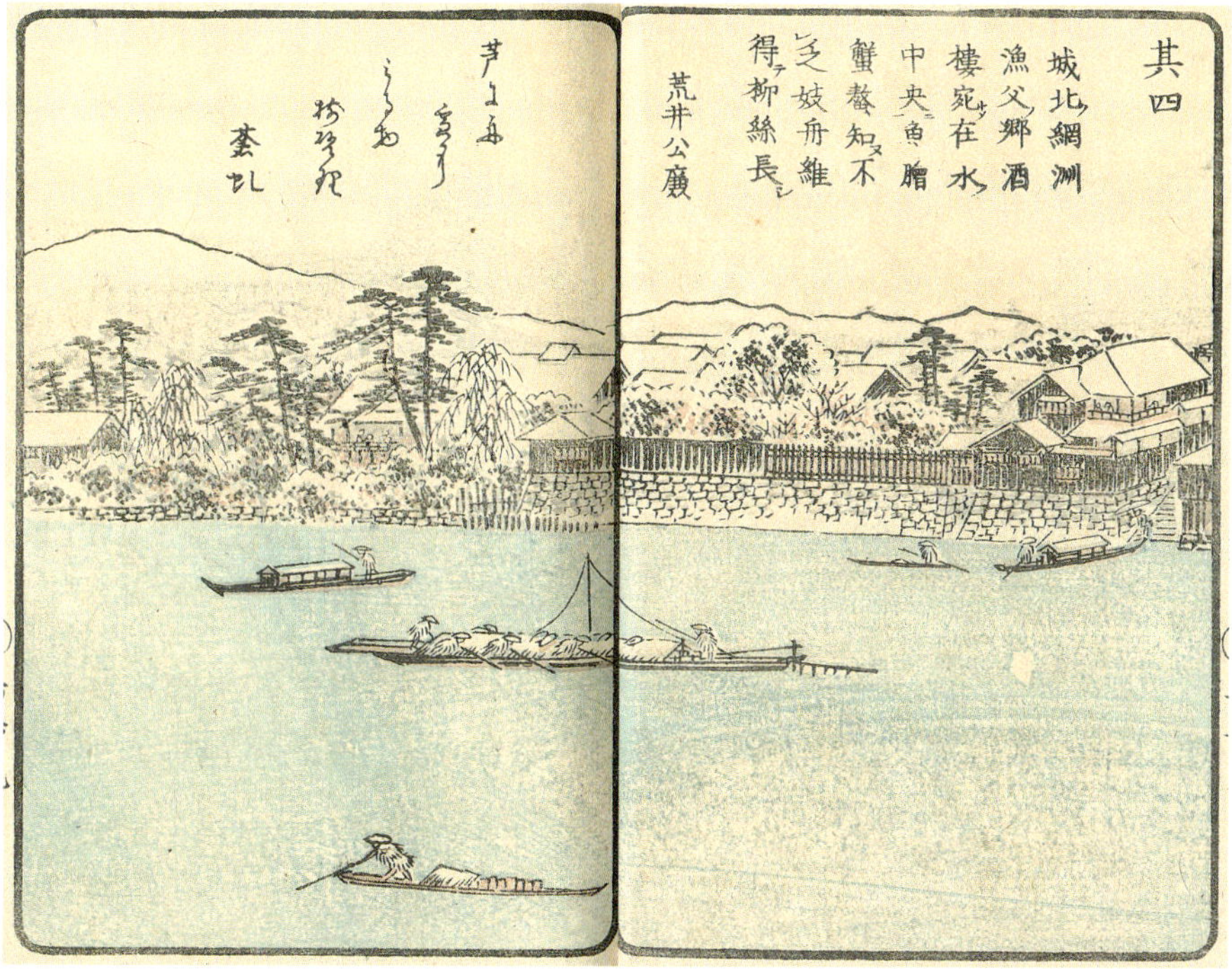
其四
城北網洲
漁父郷酒
楼宛在水
中央魚膾
蟹螯知不
乏妓舟維
得柳絲長
荒井公廣

其四

の山並みとが見渡せる絶景ポイントだったことがわかります。ここにいう淀川は、現在の大川のこと。富裕な商家の隠居と、眺望めあての遊客と、川の恵みを糧とする漁民とが共存する土地でした。この漁民たちが干す網にちな

遠景の大阪城は江戸時代のそれとは異なるが、今も昔もかわらず、網島の景観の一部になっている。

『摂津名所図会』巻三「網島 柏戸」

んで網島となづけられました。

絵の左上部の賛は、次のとおり。

風急にして寒濤を捲き
空と水と黯うして別ち難し
西北の雲纔かに開き
連山こと〴〵く雪をなす

杭の雪　負けじと積もり　並びけり

漢詩は江戸時代中期の天台僧、慈周（六如）の作、発句は江戸時代後期の俳人、渡辺沙鷗の作です。両作ともに網島を吟じたものかは不明ですが、絵が雪景色となっているため、賛に採用されたのだと考えられます。

また、これに続く絵には次の二作が載ります。

城北の網州は漁父の郷
酒楼宛として水の中央に在り
魚膾蟹螯乏しからざるを知りぬ
妓舟維ぎ得て柳糸長し

芦に舟　雪にみる物　揃ひけり

漢詩は淀藩の儒学者、荒井公廉（半蔵）の作、発句は成田蒼虬の作です。詩は網島の風物と賑わいを、句は川面を往来する芦舟と雪の取り合わせを吟じています。

「其四」の絵をみると、酒楼の脇に屋形を設《しつら》えた船が浮かぶようすがみえます。屋内からながめるもよし、船上からながめるもよし。冬のひと日をたのしみます。ちなみに『淀川両岸一覧』のうち、冬の情景を描いているのは、この両挿絵のみ。

網嶋（網島）という地名から、近松門左衛門の浄瑠璃《じょうるり》を思い浮かべる人は少なくないはず。「心《しん》中天網島《じゅうてんのあみじま》」は、享保五（一七二〇）年に起きた心中事件をもとにつくられました。紙屋の治兵衛は妻子ある身でありながら、曾根崎の遊女小春と深い仲になります。行く末を案じ、周囲は二人の仲を裂こうとします。あることがきっかけで治兵衛は小春と別れることに。ところが、恋敵が小春を身請けすると知り、秘めた想いを隠せなくなる。みかねた治兵衛の妻おさんは、身請《う》けの金を工面するも、おさんの父がそれを阻止します。茫然自失の治兵衛は小春を連れ出し、網島の大長寺までやってきます。旧暦一〇月一五日未明のこと。ともに髪を切り、出家の躰《てい》で、まずは治兵衛が小春の喉《のど》を刺し、その後、治兵衛も首を吊り、心中します。「頃は十月十五夜の、月にも見へぬ身の上は、心の闇のしるしかや」。雪を霜と見立てつつ、網島を訪れる酒客の肴となったことでしょう。

網島（淀川河川事務所提供）

◆川崎《かわさき》 桜宮《さくらのみや》

◆其二

JR大阪環状線：桜ノ宮駅

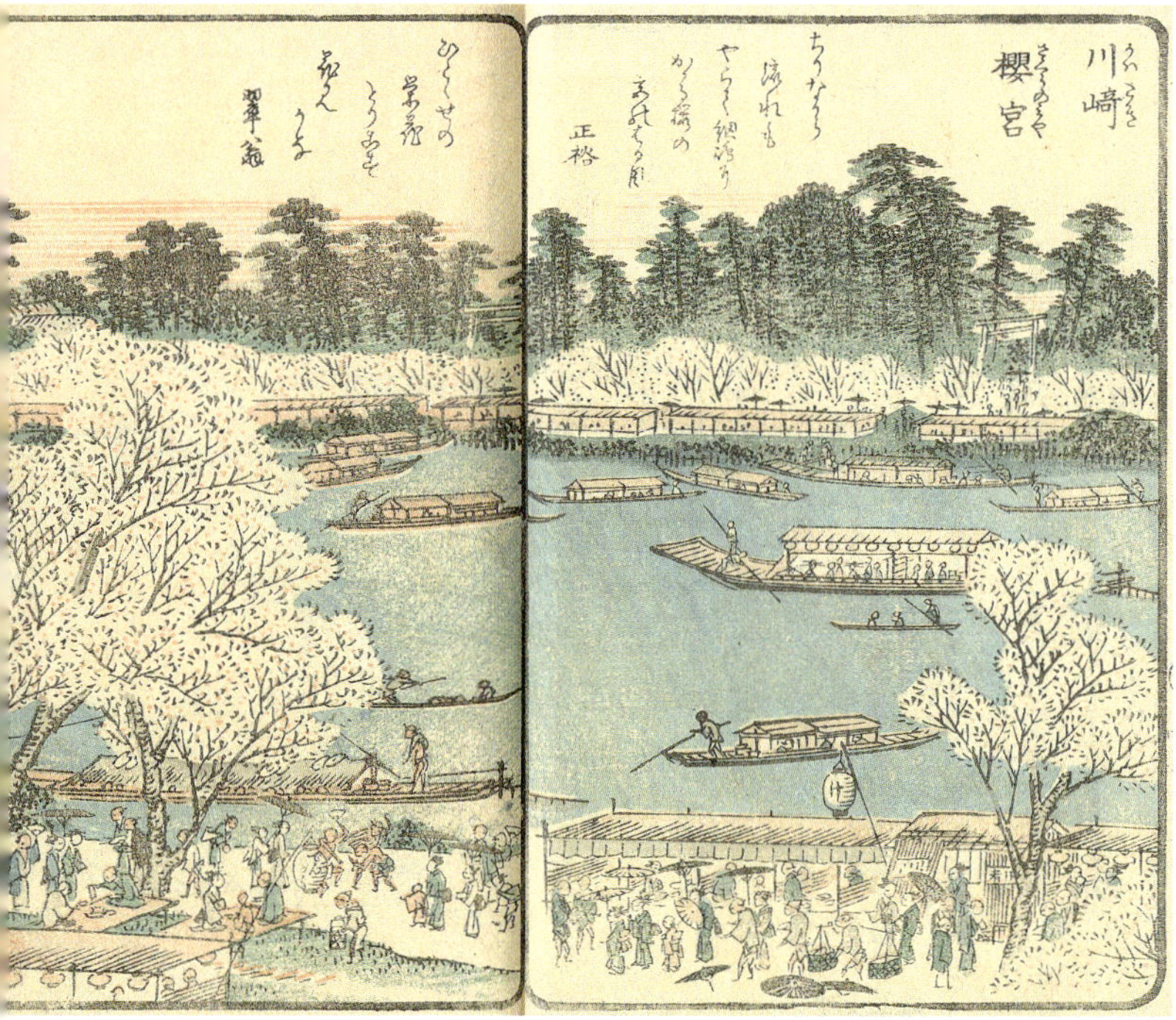

川崎 桜宮

大阪を代表する桜の名所といえば、いまもむかしも変わらず、大川沿いの桜宮。絵は右岸から左岸方向を眺めた風景です。

ところで、「宮」とはどこをさすのでしょうか。答えは桜宮神社で、江戸時代には桜宮の名で知られていました。絵の対岸にみえるのは、右が馬場、左が社前の鳥居です。桜宮について、本文は次のように解説します。

網島の北にあり。例祭九月二十一日なり。

所祭《まつるところ》天照皇太神《てんせうくはうだいじん》にして、宮づくりの光景伊勢を摸《うつ》せり。当社は淀河の東岸

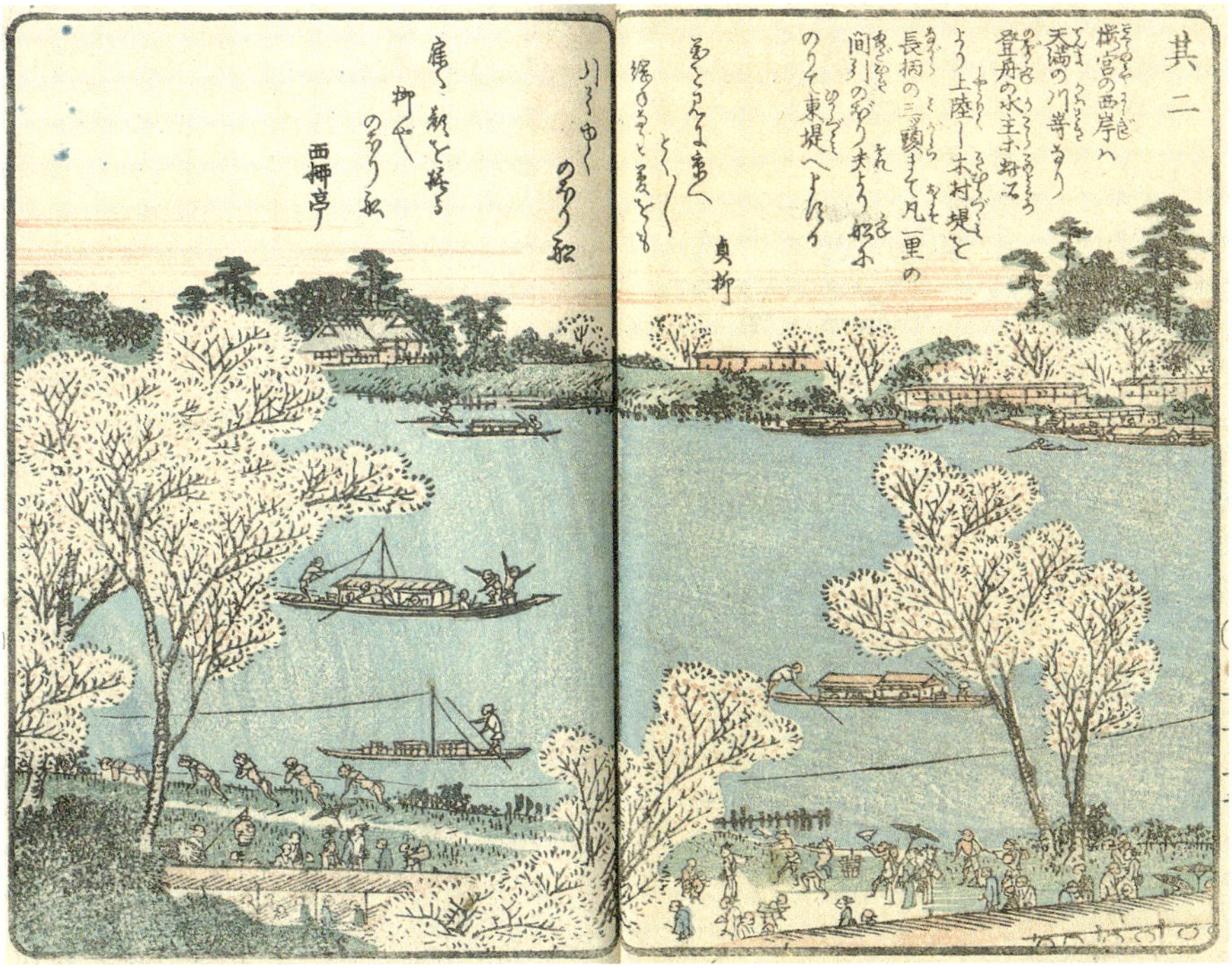

其二

にありて、境内は言も更《さら》なり。水辺《すいへん》より馬場の堤に至るまで一円の桜にして、晩春の花の盛《さかり》には雲と見、雪と疑ふ風景なり。

この「一円の桜」ゆえに、「桜宮」な

手前に水上バス乗り場、川向こうに桜ノ宮野球場がみえる。春には多くの花見客で賑わいをみせる。

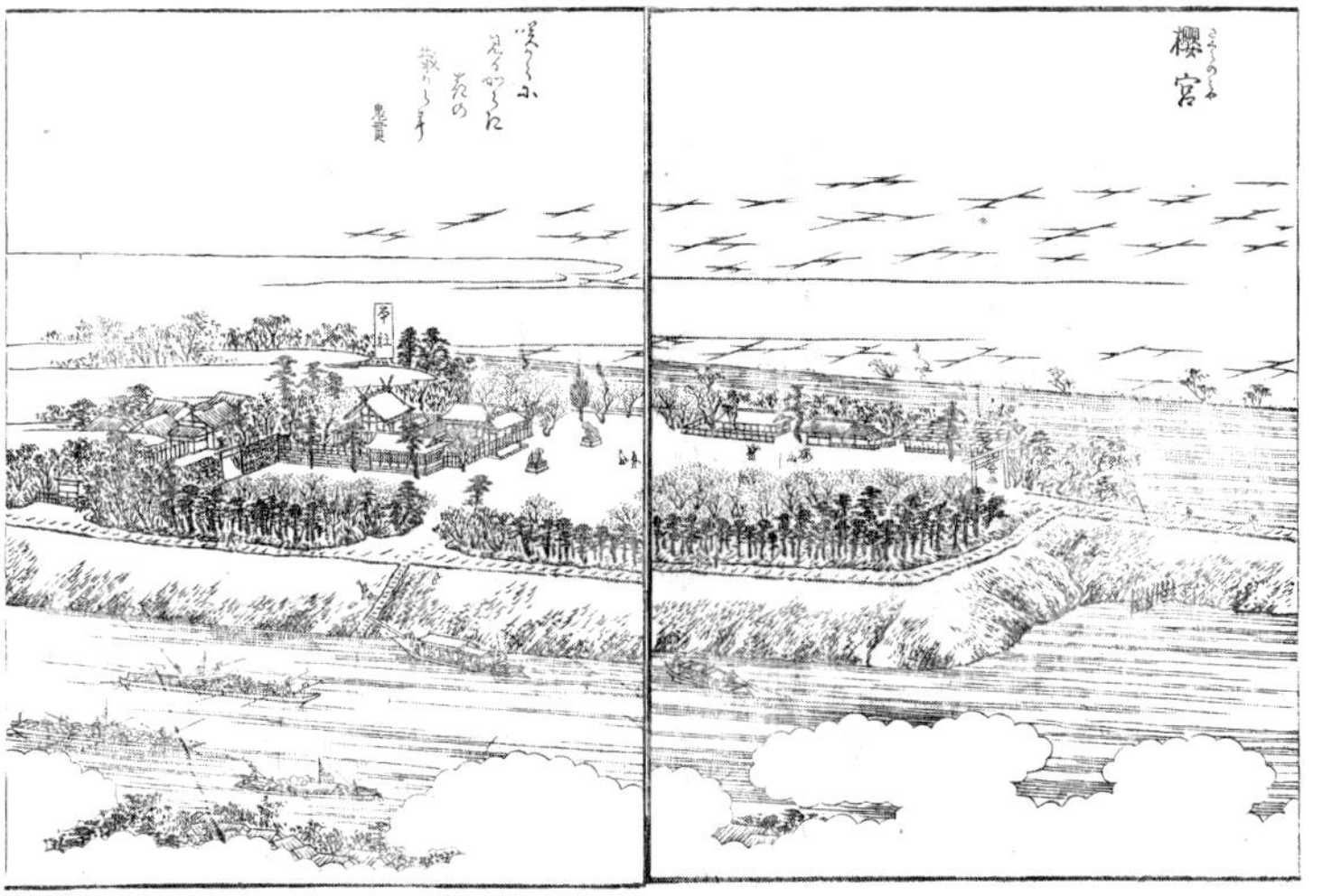

『摂津名所図会』巻三「桜宮」

のです。

現在では桜宮橋が架かっていますから、西岸へも容易に渡ることができます。ところが、江戸時代にこうした橋はありません。そのかわりに船が人びとを対岸へと運んでいました。

桜之渡口《わたし》　右社頭の上の方にあり。川崎の浜への舟わたし也。此渡船《わたしぶね》は弥生の花の頃のみ有て、常はあらず。故に桜のわたしと号す。

ここの渡しは春季限定。桜を楽しむための、臨時の舟なのです。絵をみると、右中央に渡し舟が描かれています。しかし、それよりも多いのが、桜見物の御座船《ござふね》。春風に吹かれながら、川面から眺める桜を堪能するという趣向です。また、両岸にも多くの露店が並びます。右下の提灯《ちょうちん》には「汁」、左下は「でんがく」の文字。花も団子も、同時に味わうことができました。

絵の賛には春日亀正裕の狂歌と翠翁（久松祐之）の発句。

ちりながら流れもやらで網島に
かゝる桜の宮のはる風

ひとゝせの　栄花とりこす　花

見かな

盛りを過ぎ、風に散りゆく花びらが、魚のかわりに網にかかるという狂歌は、実にユーモラス。続く「其二」の解説は次のように記しています。

桜宮の西岸は天満の川崎なり。登舟《のぼりぶね》の水主《かこ》等此所より上陸し、木村堤を長柄《ながら》の三ッ頭《かしら》まで凡《およそ》一里の間引のぼり、夫《それ》より船にのりて東堤《ひがしづつみ》へよする。

京坂を往来する船には、岸から綱で曳くいくつかのポイントがあります。ここもそのひとつで、絵の左下にそのようすが描かれています。船の本体は、「川崎桜宮」の絵の左下にみえます。

花を見に京へとく〳〵綱手なは　夢をも引てゆくのぼり船　貞柳

寝た顔を　撫る柳や　のぼり船　西柳亭

淀川に臨む桜の宮の佳景（大正～昭和初期の絵はがき）

JR東西線：大阪城北詰駅

◆川崎浜《かわさきのはま》

◆其二　御材木蔵《をんざいもくぐら》　萩橋《はぎばし》

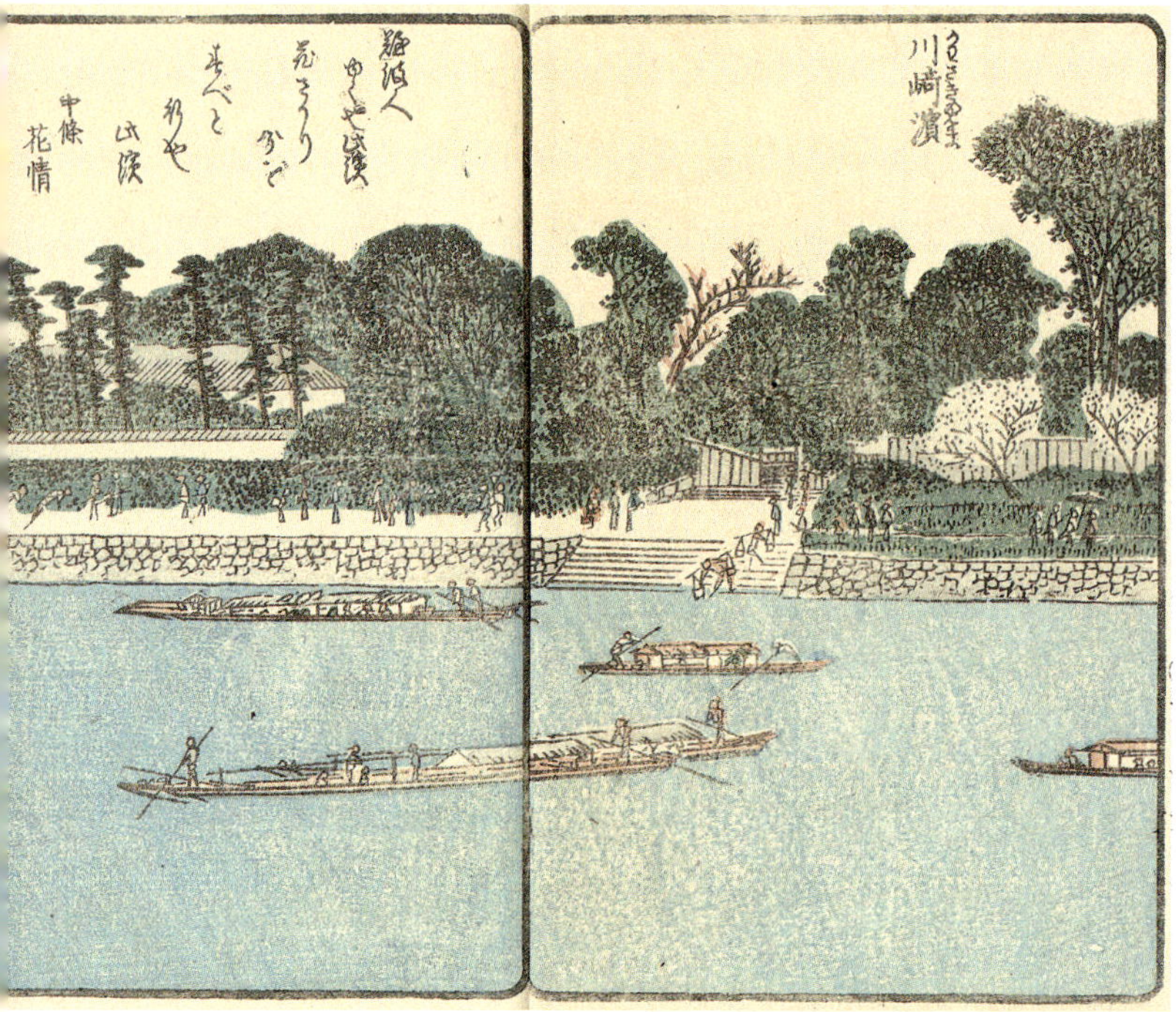

川崎浜

二枚の絵は、淀川西岸、川崎浜と萩橋付近の風景を描いたもの。川面には三十石船や御座船が浮かんでいるのがみえます。川崎について、本文は次のように記しています。

御蔵《おくら》、御材木蔵、御《おん》屋敷方《がた》、川岸に建《たち》列《つら》なる。此所に萩ばしといふ小橋あり。この上手《かみて》より上り船の綱を引はじむるなり。又川すぢ洪水の時は、下り船々皆此所より客を上《あぐ》るなり。北長柄三ッ頭よりこの所まで水上凡二十五丁といふ。

ここの浜は大坂城から近いこともあり、

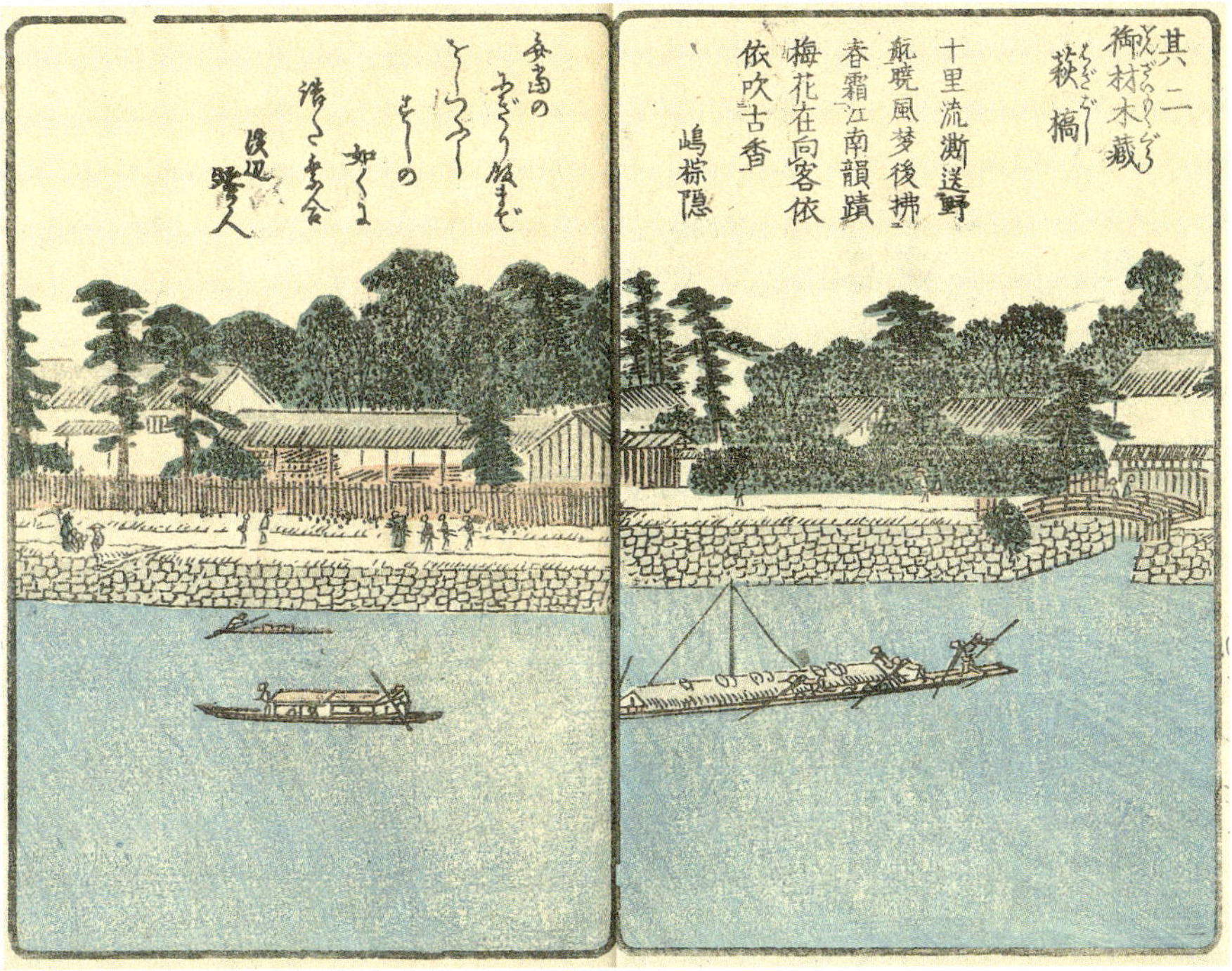

其二 御材木蔵 萩橋

幕府や諸藩の蔵屋敷が建ちならぶエリアでした。また、「川崎浜」の絵の左端にみえるように、京へと向かう三十石船は、萩橋の上手より水主《かこ》が陸へ上がり、綱で船を曳きました。ちなみに、「其二」の右端にみえるのが萩橋です。

現在、この付近には造幣局が建つ。ここの桜は川沿いの桜とともに、春の風物として知られている。

また、ここは淀川を往来する船を取り締まる「監船所」、つまり「淀川船方の番所」があったと、本文に記されています。

「川崎浜」の絵をよくみると、川岸を多くの人が傘をさしながら歩いているのがわかります。右端にみえる、花は桜木。江戸時代、ここ川崎には「川崎御《かわさきのお》宮《みや》」と呼ばれた東照宮がありました。本文の解説は次のとおりです。

> 天満ばし筋の東傍にあり。元《げん》和《わ》年間、松平下総《しもふさ》侯創建し給ひ、三江和尚《さんかうおせう》寺務《じむ》し九昌院建国寺と号す。禅宗洛陽建仁寺《けんにんじ》に属す。御例祭《ごれいさい》四月十七日。此日、雑人《ざうにん》の参詣を許し給ふ。是によつて浪花市中は言も更なり。近郷《きんがう》の貴賤《きせん》群集し、川岸に出て遊宴し、渡船《わたし》に乗じて東堤《つつみ》に越《こへ》桜宮に興ずるあり。或《ある》は東堤より西に渡りて参詣するありて、両岸の賑ひ言語に絶せり。さる程に堤には懸《かけ》茶屋《ちゃや》つらなり、貨食店《にうりみせ》、菓子売をはじめ、童《わらんべ》の手遊物《てあそび》、花かんざし鬻《ひさ》ぐ男等所せきまで打群て、恰《あたか》も鼎《かなへ》のにゆるが如し。首夏《しゅか》第一の大紋日《をほもんび》なり。

例祭がおこなわれていた四月一七日は徳川家康の命日にあたり、通常は開放されていない境内に、庶民が立ち入ることが許されました。そのため、「貴賤群集」したのです。もちろん、旧暦における桜の見ごろは弥生ですから、この例祭の賑わいを絵でみることはできません。つまり、絵の桜が満開であることから、桜宮に向かう人びとがここを通過しているようすを描いているのだと推察されます。

「其二　御材木蔵　萩橋」の絵、左中央には、裃《かみしも》で供を連れた武士のすがた。彼らの奥手には材木を納める蔵が描かれています。この付近にあった材木蔵は、幕府や諸藩が管理していました。そのため、「御材木蔵」と表記されているのです。また、この界隈《かいわい》には大坂町奉行の役人宅があったといいます。なるほど、先述の裃すがたは、京橋口にあった東町奉行の与力だったのです。

「川崎浜」の賛は王仁の和歌「難波津に咲くやこの花冬ごもり　今を春べと咲くやこの花」をもじった狂歌。

難波人ゆくやこの浜花ざかり
今を春べと行くやこの浜

「其二」には中島棕隠の漢詩。

十里の流れ漸きて野航を送る
暁風は夢の後に春霜を払ふ
江南の韻蹟に梅花あり
客に向ひ依々として古香を吹く

大阪名所）造幣局

造幣局（明治後期〜大正初期の絵はがき）

◆源八渡口《げんばちのわたし》

JR大阪環状線：桜ノ宮駅

源八を　わたりて梅の　あるじかな

享保元（一七一六）年、摂津《せっつ》国東成郡毛馬《けま》村に生まれた与謝蕪村。彼のこの句は、淀川西岸、西成郡天満源八町への渡し場のようすを吟じています。絵はその源八の渡し場を描いています。本文の解説には「西成郡《にしなりこおり》天満源八町より東生郡《ひがしなりこおり》中野村への舟わたし也。故に中野の渡しとも云」とあります。おそらく、西岸から東へ行く場合には「源

1　大川ゾーン

現在、かつての渡し場には源八橋が架けられ、大川の両岸をつないでいる。

八の渡し」、東岸から西へ行く場合には「中野の渡し」と呼びわけていたのでしょう。

毛馬出身の蕪村は、二十歳の頃に離れてから、一度も故郷に帰らなかったといわれています。

源八の渡し（『目で見る大阪市の100年』上より）

ただし、幾度かは帰坂しており、先述の句はその際につくられました。対岸から眺めた毛馬ということで「源八をわた」ると表現したのだと推測されます。

　絵の手前、中野からやってきた舟が、客をおろすようすがみえます。まずは小者を連れた侍から、傘をさした女性たちは後まわし。身分社会の一端が垣間みえます。これとは逆に、絵の中央には中野へと向かう舟。岸には人影がみえ、この渡しが多くの人びとに利用されていたことがわかります。

　渡し舟とは別に、左手には三十石船、右手には御座船が浮かんでいます。前者は京と大坂とを往復する船ですが、後者は遊客たちを乗せているはず。本文の「中野」の項目には次のように記されています。

右わたし場の一村なり。則《すなはち》桜の宮は当村の内にして生土神なり。

当村の農家に酒肴《さけさかな》を販《ひさ》ぐあり。其塩梅《あんばい》鄙《ひな》に似ずとて遊客しば〳〵賞翫《しやうぐわん》す。就中《なかんづく》泥鰌《どぢやう》汁を以《もつ》て名物とせり。尤《もつとも》花の頃を始として卯月中旬《なかば》を限《かぎり》とす。

ここにある「右わたし場」とは源八の渡しのことで、中野が桜宮の氏子町であったことがわかります。そのためか、ここを訪れる遊客は多かったようで、百姓たちが茶屋を営んでいたのだという。絵の、中野の岸部をみると、それと思《おぼ》しき家屋を確認することができます。ですから、先述の御座船も、ここの茶屋の遊客たちが乗っているというわけ。

ところで、「京は着て果て、大坂は喰うて果てる」という江戸時代のことわざがあります。「着倒れ」の京都にも京野菜があるわかですから、当然、「喰い倒れ」の大阪にも地物の伝統野菜があってもおかしくはない。豊かな水を湛《たた》える淀川沿いには、毛馬胡瓜《きゅうり》に守口大根、鳥飼茄子などがあり、源八の渡しの付近では芽紫蘇が栽培されていました。芽紫蘇以外の促成栽培の芽ものを総称し、「源八もの」と呼んでいるのもそのためです。おそらくは、本文の解説に紹介されていた中野村の茶屋でも、この「源八もの」が料理に彩りを添えていたはず。残念ながら、近年、「源八もの」の栽培は途絶えてしまいました。

賛の漢詩は後藤梅園の作。

碧波蕩々と堤を拍き流れ
風冷やかに桜林揺れて落つる秋
秋景は如ず春景の閙しきに
来たりて呼ぶ源八渡頭の舟

春の賑やかさを想いつつ、日暮れの秋景をめでる。いかにも文人らしい趣向といえます。ちなみに、どじょうは夏の季語ですが、ここでは春季限定の名物だったようです。

◆木村堤《きむらづつみ》 樋之口《ひのくち》

◆其二

地下鉄谷町線・堺筋線・天神橋筋六丁目駅

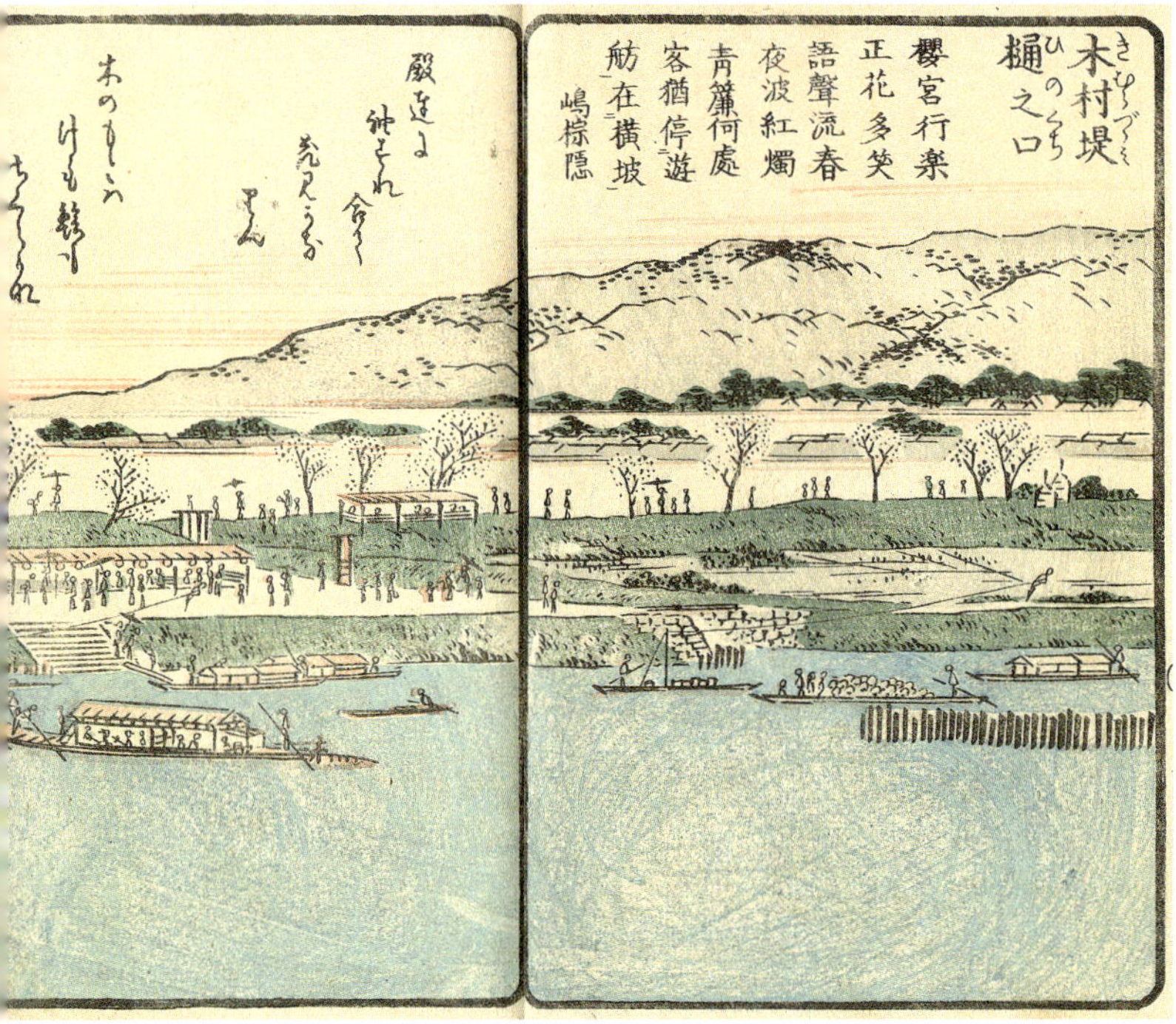

木村堤 樋之口

絵は、現在の都島橋西詰め、樋之口町のあたりを眺めた景色です。樋之口という地名について、本文はその由来を「天満堀川へ淀川の流れを通ずる樋の口」にあると説明しています。「樋の口」とは川や池などで水の調節をする水門のこと。

江戸時代、ここは木村堤とも呼ばれていました。本文の解説には次のように記されています。

此地は淀川の西岸《にしぎし》にして、国分寺村の辺《ほと》りより桜の並木つらなりて、弥生の花ざかりには都下の貴賤こゝに打むれ遊宴に楽しむ。殊《こと》に向ふの岸は桜の宮

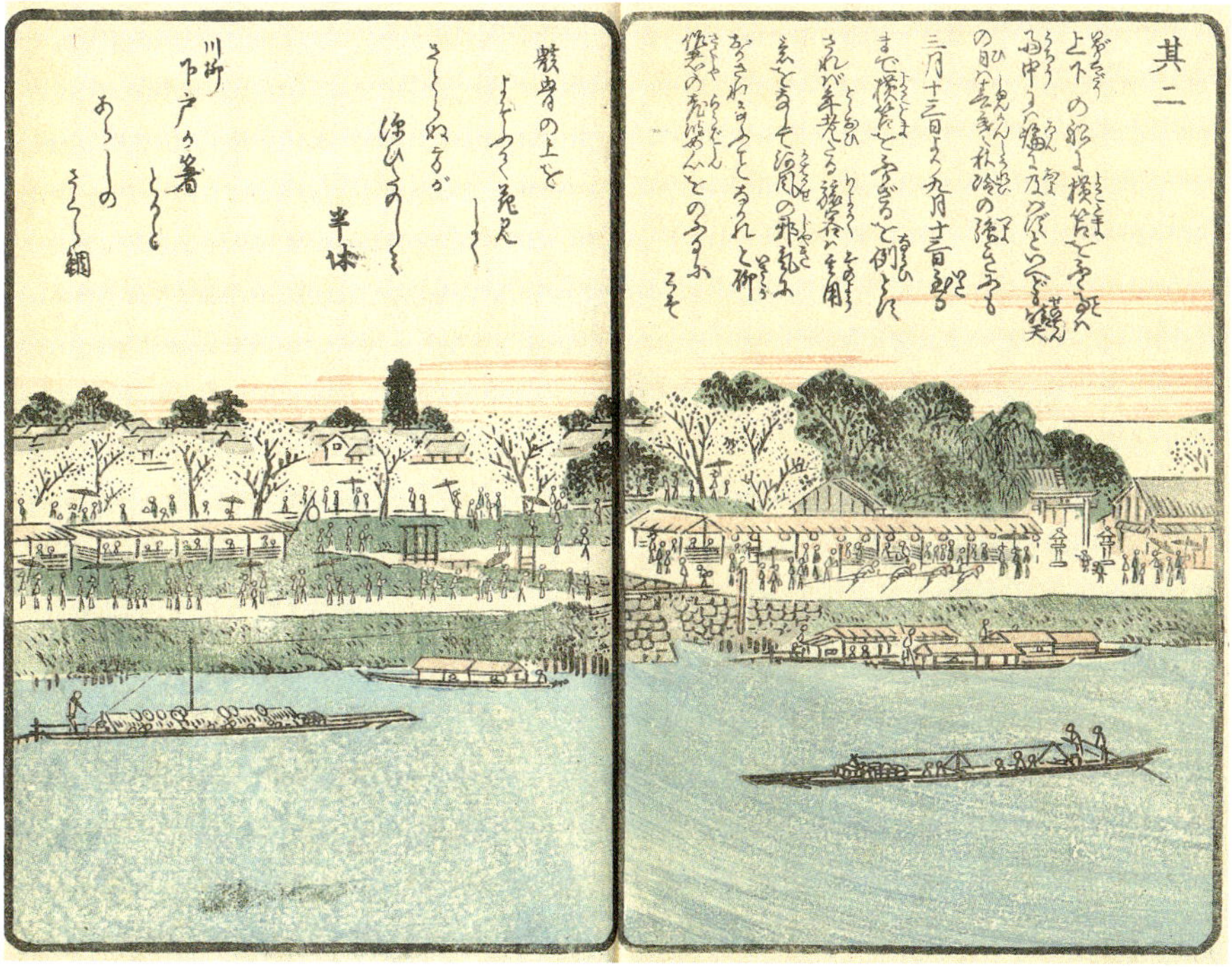

其二

につゞきし堤なれば、是《これ》もさくらの並木にして、爛漫《らんまん》たる花の景色、淀川の流れに映じて絶景也。

絵をみると「さくらの並木」が続き、多くの人びとで賑わうようすがうかが

高速道路の高架や高層マンションが建ち、かつての絶景は大きくその様相を変えた。

えます。この並木に、向こう岸の桜宮の景観と淀川の川面が加わり、「絶景」だったとか。絵の右上部の賛は中島棕隠の漢詩です。

桜宮の行楽正に花多し
笑ひ語る声流れて春の夜の波
紅燭青簾何処の客か
猶遊舫を停め横坡に在り

おそらくは棕隠もここを訪れたのでしょう。川に船を浮かべつつ、春の夜を楽しんだ際の作品と考えられます。

「其二」の絵、右端にみえる鳥居は「天満宮の祠」です。その社前である堤には茶店が並び、花も団子も楽しみたい、老若男女のすがたがみえます。

絵の上部の解説には次のようにあります。

上下の船に横苫《よことま》をふく事は、雨中には論に及ばずといへども、晴天の日は春寒秋冷の強きにも、三月十三日より九月十三日に至るまで、横苫をふかざるを例《ならひ》とす。されば年老《としおひ》たる旅客は其用意をなして河風の邪気《じやき》におかされ給ふことなかれと聊《いささか》作者の老婆心をのぶるにこそ。

淀川を往来する三十石船は、絵の左端にみえるとおり、苫葺きになっています。ただし、三月一三日から九月一三日の期間は苫を葺《ふ》かなかったというのです。涼を楽しむことのできる季節ならばよいのですが、「春寒秋冷」には川風の寒さがからだにこたえます。そのため、「作者の老婆心」と断りつつ、老客への注意を促しているのです。このことから、「名所図会」が旅人の手引き書として利用されていたことがうかがえます。

「木村堤　樋之口」と「其二」の絵、左上の賛は次のとおり。

殿達に　袖すれ合て　花見かな　　りん

木のもとは　汁も鱠も　さくらかな　　芭蕉

髑髏の上をよそふて花見して
さとらぬ方が深いたのしみ
半休

川柳
下戸が箸　とるもあらしの　さくら鯛

『淀川両岸一覧』と同時代の文学

「名所図会」の名をもつ地誌の特徴として、詳細な文字情報と図像情報を載せていることがあげられます。そのため、こんにちのわたしたちが観光ガイドブックのような感覚で読んだとしても、充分に楽しめる書籍に仕立てられています。

ただし、単なるガイドブックに止まらないのが、「名所図会」の魅力でもあります。つまり、江戸時代に活躍した歌人や狂歌師、俳諧師、文人たちの作品を、多数に引用しているのです。『淀川両岸一覧』もこうした魅力を引き継いでおり、あまり目にすることがないような和歌、狂歌、俳句、漢詩などを読むことができます。

たとえば、狂歌師鬼拉亭力丸の作品は、随所に引用されています。力丸は、本書の挿絵を描いた松川半山の父。この父子はいくつかの共作を残していますが、『淀川両岸一覧』もそのひとつであるといえます。また、香川景樹の和歌も多く取りあげられています。景樹は桂園派の歌人で、桂園派は江戸時代後期から明治にかけて、上方歌壇の中心となった流派です。さらに、混沌詩社の作品が多く紹介されています。混沌詩社は、片山北海を盟主とする、大坂の著名な文人たちがつどう漢詩サロンでした。

このように、江戸時代中期から後期の文化の痕跡をたどることができるのが、『淀川両岸一覧』の魅力だといえるでしょう。

◆毛馬《けま》

◆赤川《あかがは》

大阪市バス：毛馬橋／赤川三丁目付近

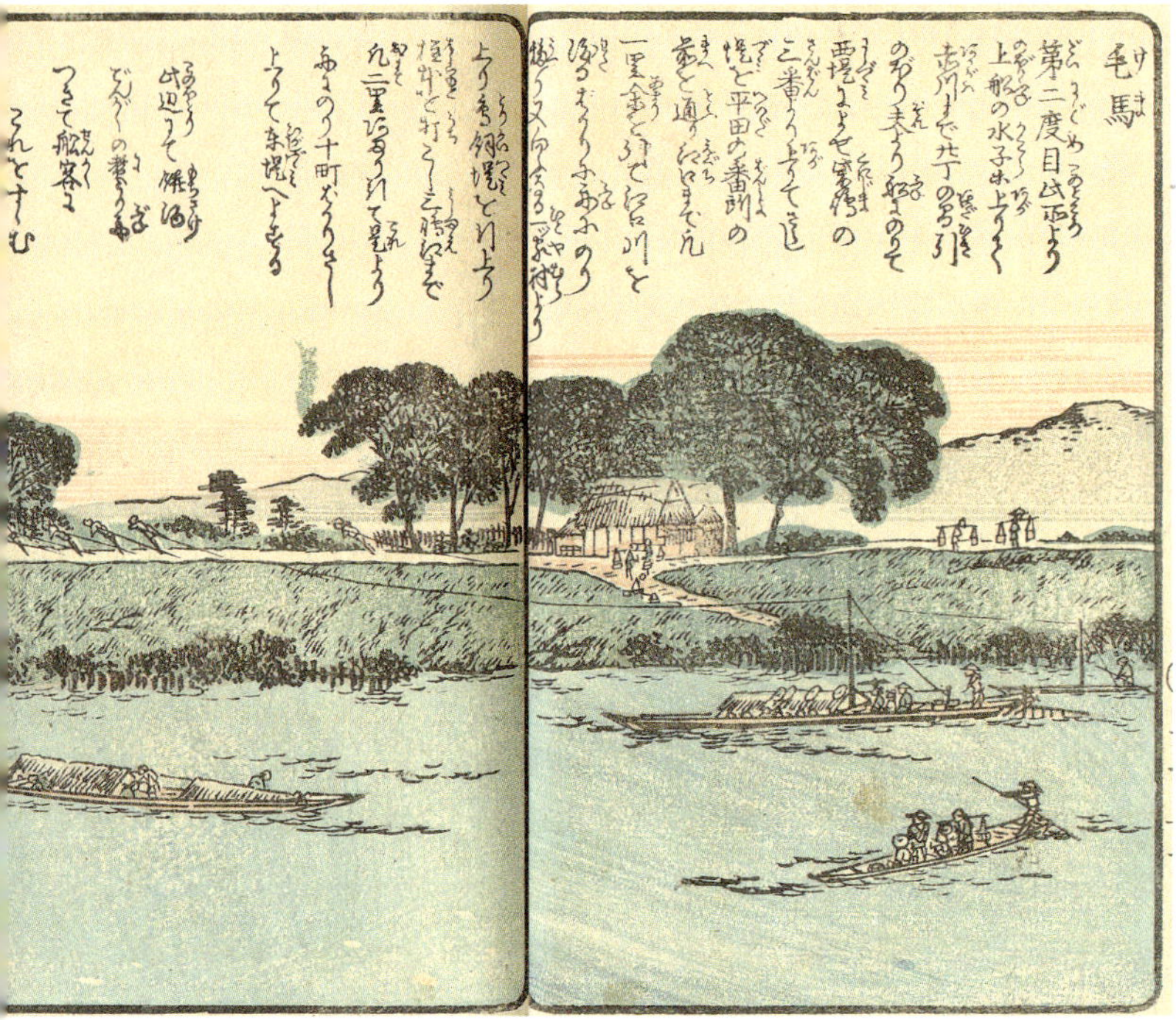

毛馬

「毛馬」と題する絵は淀川東岸の景色を描いています。これに「赤川」の絵が続きます。毛馬は現在の淀川が大川と分岐する東側にあり、赤川はさらにその東の、淀川沿いにあります。「毛馬」の絵、上部の解説は次のとおりです。

第二度目、此所より上船《のぼりぶね》の水主《かこ》等上《あが》りて赤川まで廿丁の間引のぼり、夫《それ》より船にのりて西堤《づつみ》によせ、柴嶋《くにじま》の三番より上《あが》りてさらし堤《づつみ》を平田《へいだ》の番所の前を通り、江口まで凡一里余《あまり》を引て、江口川を渡るばかりに舟にのり移り、又向ふなる一《ひと》ッ家《や》村より上

1　大川ゾーン

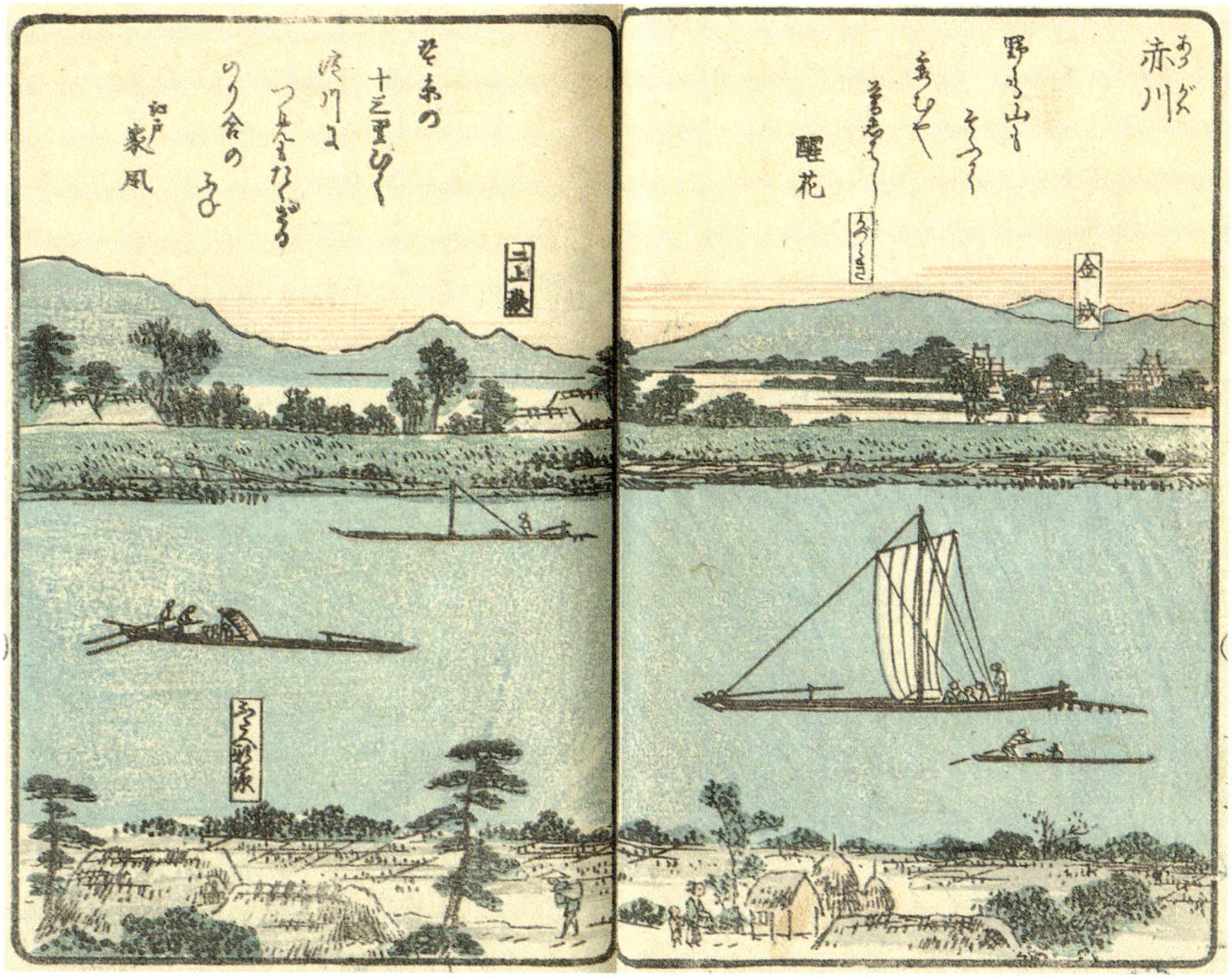

赤川

赤川。中央にゆっくりと流れる淀川、水辺には木立も多く美しさを感じさせてくれる。

毛馬。蕪村が故郷の象徴として吟じた土手はなくなり、川岸は公園として整備されている。

竣工後の毛馬洗堰（淀川河川事務所提供）

り鳥飼堤《とりかいつつみ》を引上り、柱本《はしらもと》を打こし三嶋江まで凡《およそ》二里あまり引て、是《これ》より舟にのり十町ばかりさし上りて東堤へよする。此辺《このほとり》にて餅、酒、でんがくの煮《に》うり舟《ぶね》つきて船客にこれをすゝむ。

八軒家を出発した三十石船は、まず桜宮の右岸に寄り、水主たちが岸から舟を曳きのぼります。次に陸から船曳きするのが、淀川左岸の毛馬から赤川まで。「第二度目」とあるのはそのためです。その後は右岸の柴島から江口まで、さらに上流の一ツ家から三島江までと続き、東に移り枚方に着岸しました。こうしてみると、およそ川の流れの外側で船曳きしていたことがわかります。

また、「煮うり舟」については本文にも次のような解説があります。

此所に煮売船《にうりぶね》ありて酒、餅、汁等《とう》を鬻《ひさ》ぐ。すべて其風俗、枚方《ひらかた》に同じ。白き餅を串にさし、炙《あぶり》て味噌をぬりて商ふ。田楽餅とて名物也。

この付近には酒や餅、田楽、汁

物など、船客をめあてにした貨食舟があり、そのようすは「枚方に同じ」、いわゆる「くらわんか舟」に似ていたのだとか。「赤川」の絵の右下、帆を張った船の手前にみえるのがその「煮売船」。

「赤川」の遠景は、右から「金城」「かづらぎ」左に移って「二上嶽」の文字。「金城」は大坂城で、「かづらぎ」は大和葛城山のこと。「二上山」の、右が雌岳、左が雄岳。淀川沿いの堤からは、こうした金剛山地の稜線を望むことができたのです。

絵の上部、賛は次の醒花の句と家風の狂歌です。

野も山も　そふて霞むや　暮しばし

琴糸の十三里ひく淀川に　つめもたゝざるのり合のふね

川岸から眺めると遠景の野山が霞んでみえたという句の状景は、当時の船客たちも目にしたことでしょう。一方の狂歌は、イメージの妙を表現した作品で、船曳きの綱を琴の弦に見立てています。

俳人として知られる与謝蕪村は、毛馬の出身だといわれています。現在、毛馬閘門の対岸に「蕪村生誕地」の石碑が建つ。その脇の碑に刻まれているのは、「春風馬堤曲」に収められた次の句です。

春風や　堤長ふして　家遠し

二十歳で江戸に下って以来、一度も毛馬に帰郷することがなかった蕪村。「堤長ふ」「家遠し」という表現から、彼の故郷に対する葛藤がうかがい知られます。

◆長柄三ッ頭《ながらみつがしら》 長柄川 同渡口《わたし》

◆柴嶋《くにじま》 晒堤《さらしつつみ》

大阪市バス：長柄東

阪急電車千里線：柴島駅

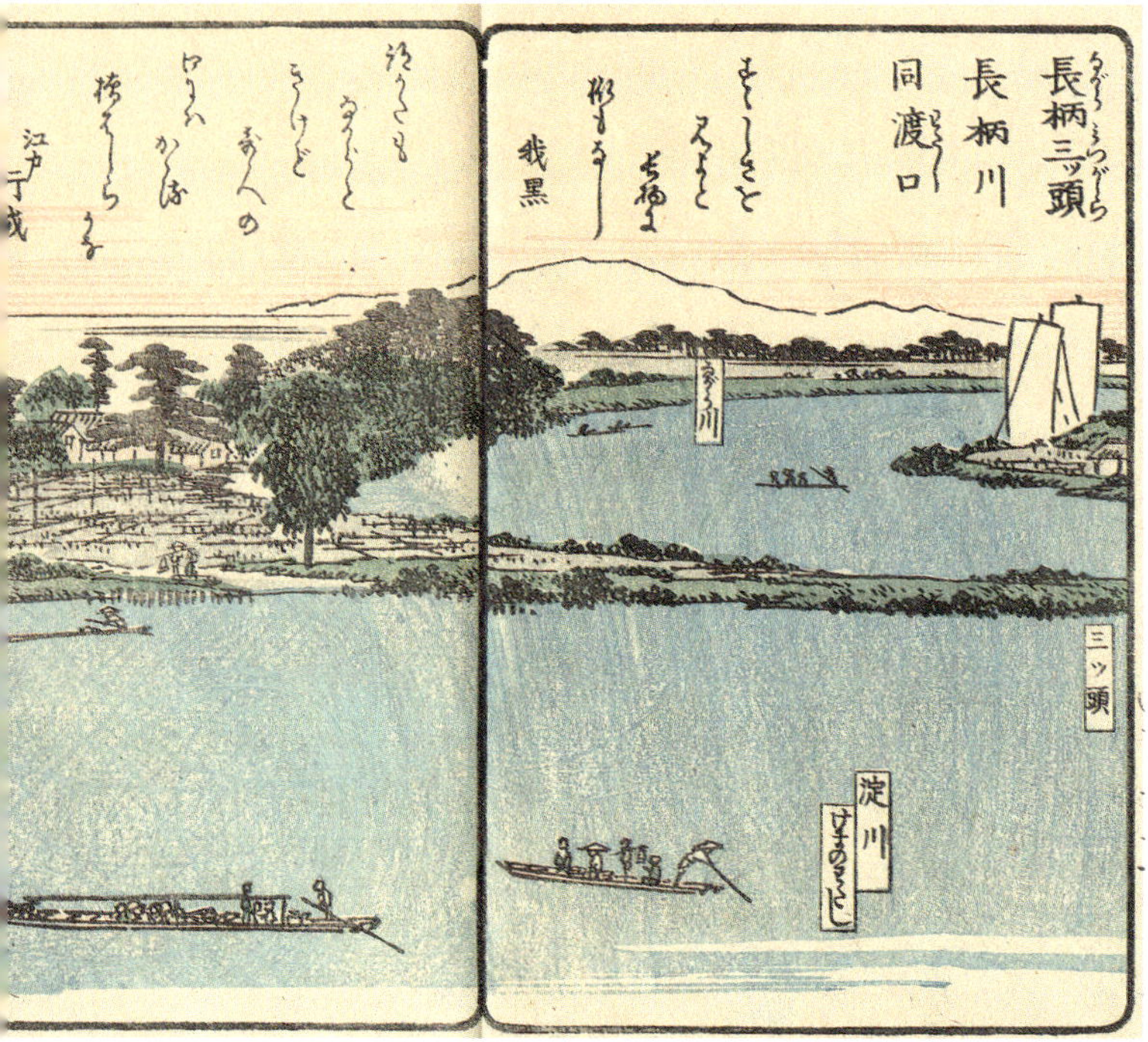

長柄三ッ頭

「長柄三ッ頭 長柄川 同渡口」の絵は、現在の新淀川と大川の分岐付近を毛馬側から眺めた風景です。絵の右上のキャプションに「ながら川」とあるように、江戸時代、新淀川は長柄川・中津川などと呼ばれていました。本文の「長柄川」の項には、次のように記されています。

一名中津川といふ。淀川第二の支流なり。北長柄村より西にわかれ、伝法にいたつて嶋々をめぐつて海に入。西にわかるゝ所を三ッ頭といふ。

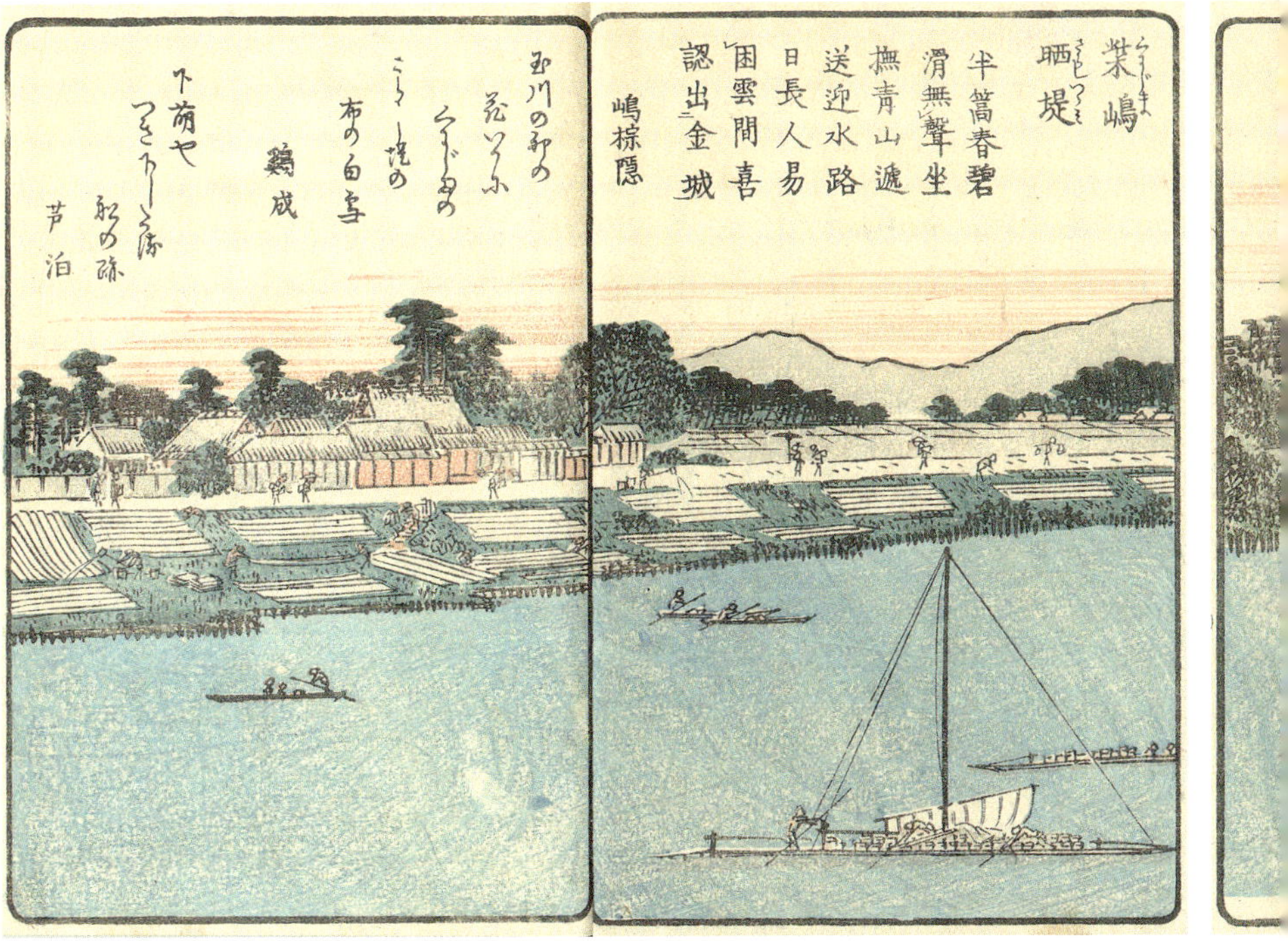

柴嶋 晒堤

現在の柴島。ゆっくりした時の流れを感じさせる風景である。

等間隔の棟を持つ淀川大堰が 淀川の景観を遮断する長柄の風景。

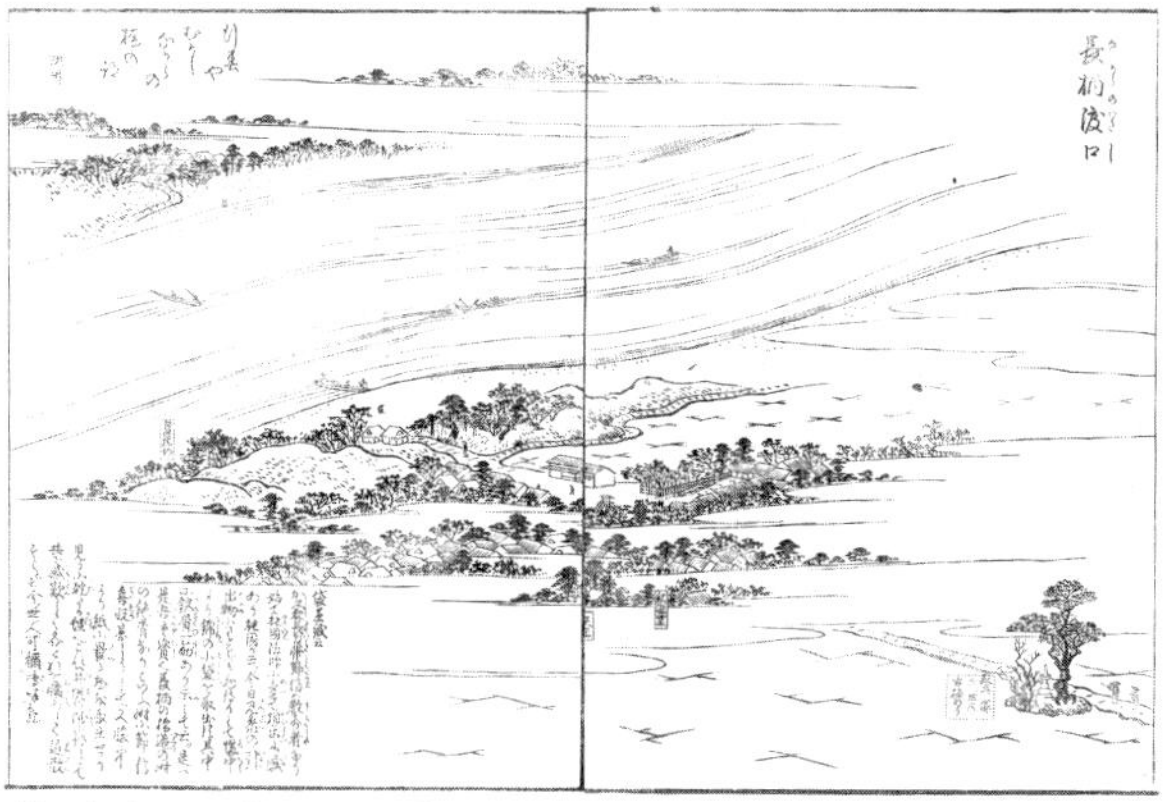

『摂津名所図会』巻三「長柄渡口」

ここにある「三ッ頭」は、絵の右中央にみえます。左下にみえるような三十石船にとって、ここが大坂への出入り口となっていたのです。

絵の上にある賛は、中尾我黒の句と物具斎行成（商元有）の狂歌です。

すゞしさを　見よと長柄の　桁もなし

跡かたもながらときけど歌人の口にはかゝる橋ばしらかな

この二作に共通するのは、かつてあったといわれる「長柄橋」と掛詞になっていること。「長柄橋」について、本文は次のように解説しています。

此橋の旧趾《きうし》、古来より詳《つまびらか》ならず。何《いづ》れの世に架《かけ》そめ、いづれの世に朽《くち》くづれけん。是又分《ぶん》明《みやう》ならず。

これに続き、長柄橋はひとつの橋でなく、この付近に点在した島々をつないでいた橋の総称ではないかと考証しています。さ

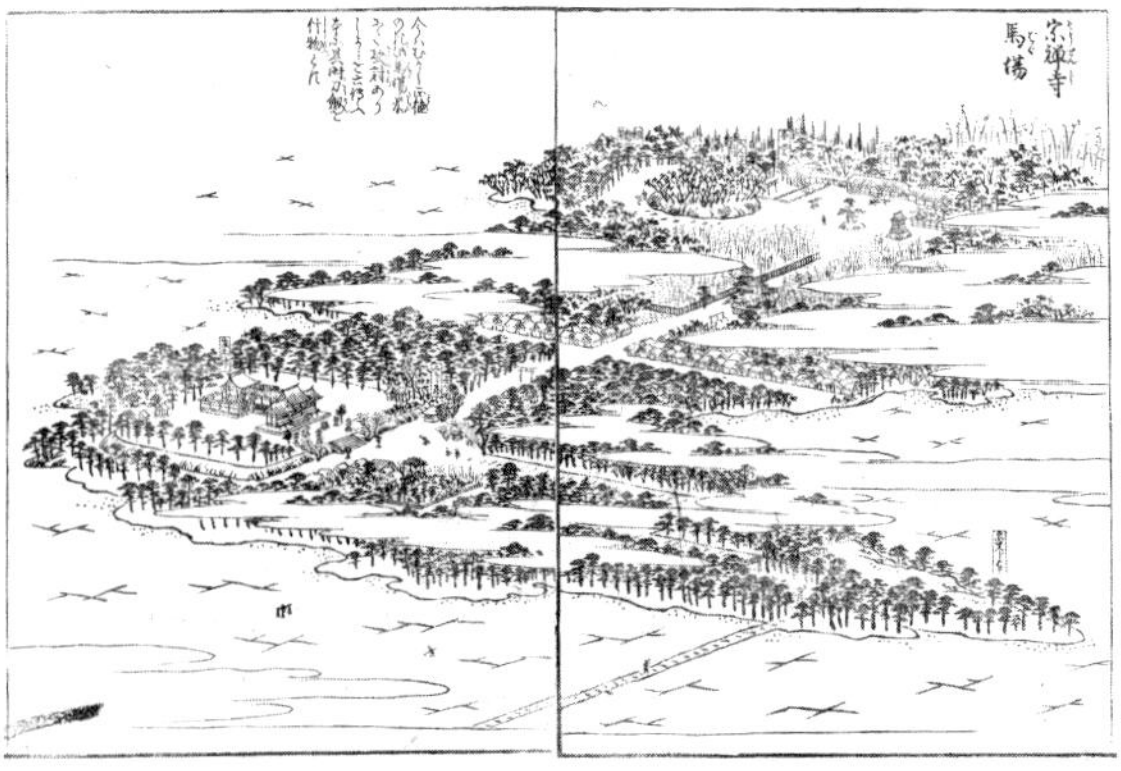

同上「崇禅寺 馬場」

ておき、すでになくなっているからこそ、「歌人の口」にのぼるのだと行成は詠んでいます。かの藤原定家も、次のような和歌を残しています。

さもあらばあれ名のみ長柄の橋
柱　朽ちずば今の人もしのばじ

中世、近世ともに、歌人の思うことは同じようです。

「柴嶋　晒堤」の絵は、淀川右岸の柴島を眺めた風景です。ちょうど、現在の柴島浄水場があるあたり。江戸時代、この付近の堤では、名産の「柴島ざらし」をさらしていました。本文の「晒堤」の項には次のようにあります。

此地、淀川の辺《ほとり》なるゆへに流れを汲《く》んで布木綿《ぬのもめん》をさらす。これを柴嶋ざらしといふ。さる程に四時《しいじ》ともに芝生に木綿布をさらして、一円に白妙《しろたへ》なすこと、恰《あたか》も雪のごとしと。其風景、絶勝なり。此辺《へん》、船中より崇禅寺《そうぜんじ》の松林みゆる。此馬場にて敵討《かたきうち》の事、世に名高し。

「柴島ざらし」をさらすようすは雪と見まがう絶景で、後方にみえる崇禅寺の松林とのコントラストが船客の目を楽しませたことでしょう。「ときは正徳、あの松のみえる崇禅寺でな、大和国郡山《こうりやま》藩士の兄弟が、弟の敵をとろうと思て、返り討ちにおうたんや」。この一件は、浄瑠璃や落語の題材にもなりました。

竣工した長柄起伏堰全景（淀川河川事務所提供）

◆逆巻《さかまき》 橋寺《はしでら》 新川《しんかは》

大阪市営地下鉄今里筋線：だいどう豊里駅

この絵は淀川右岸、現在の豊里大橋北詰東あたりの風景を描いています。絵の上部の解説は、次のとおり。

逆巻《さかまき》より平田《へいだ》までの間、淀川の内に流作《りうさく》ありて川條《かはすぢ》二流《にりう》にわかる。是を新川《しんかは》といふ。此所、常に河堀《かはほり》の人夫《にんぷ》出て瀬をさらへ、水尾串《みをぐし》を立て通船を助く。鳥飼《とりかい》、柱本《はしらもと》に同じ。北のはしに新らしき石の地蔵尊あり。是は近年、水死の供養に建《たつ》る所なり。

2　淀川ゾーン

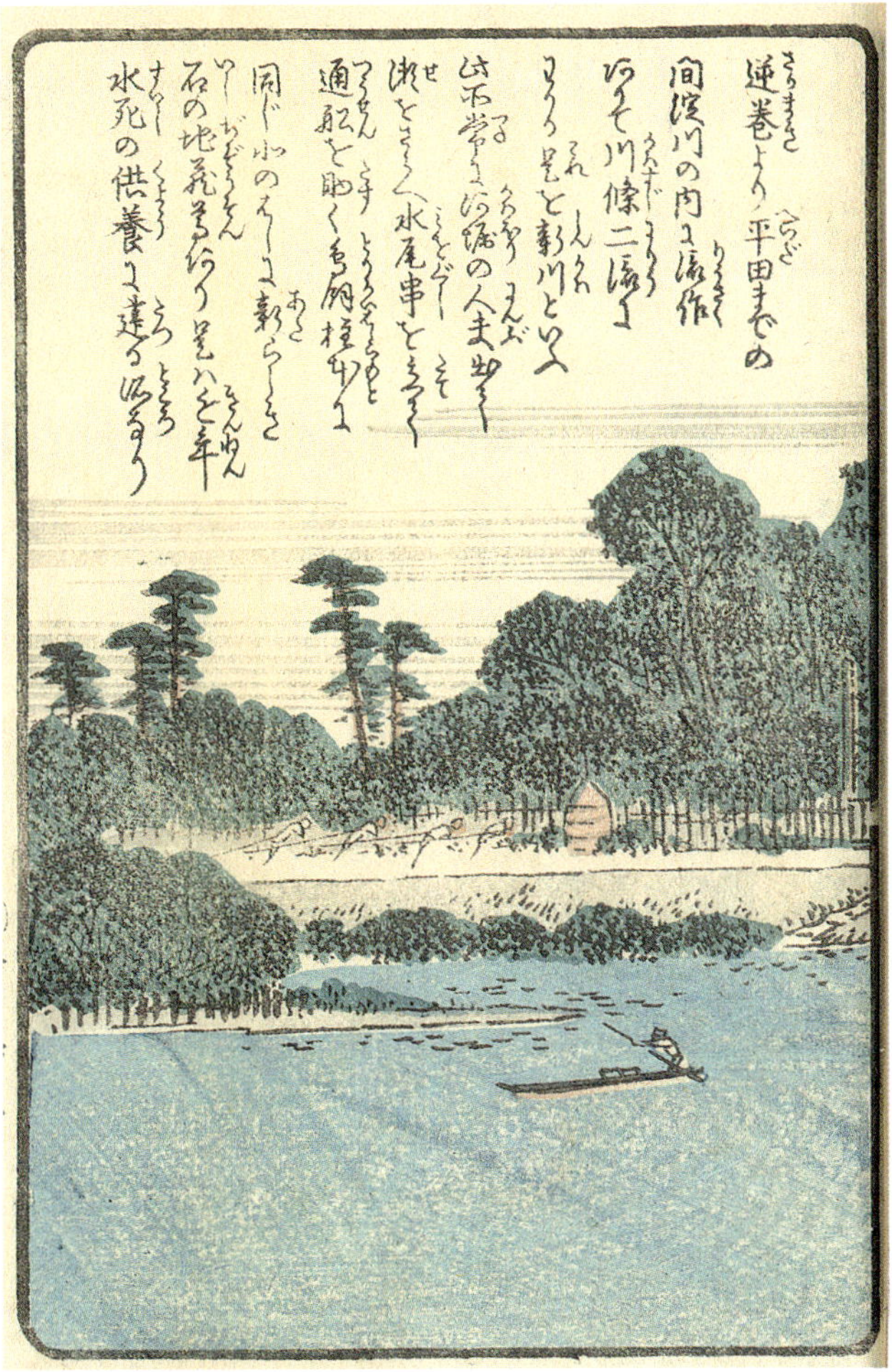

橋寺が呼びこんだのだろうか、この地には豊里大橋が架けられている。

逆巻・橋寺という地名は、現在、みることはできません。なぜなら、かつての逆巻・橋寺の両村は、すでに淀川の水底だから。近代の淀川大改修の際、橋寺は左岸の地名として残されました。

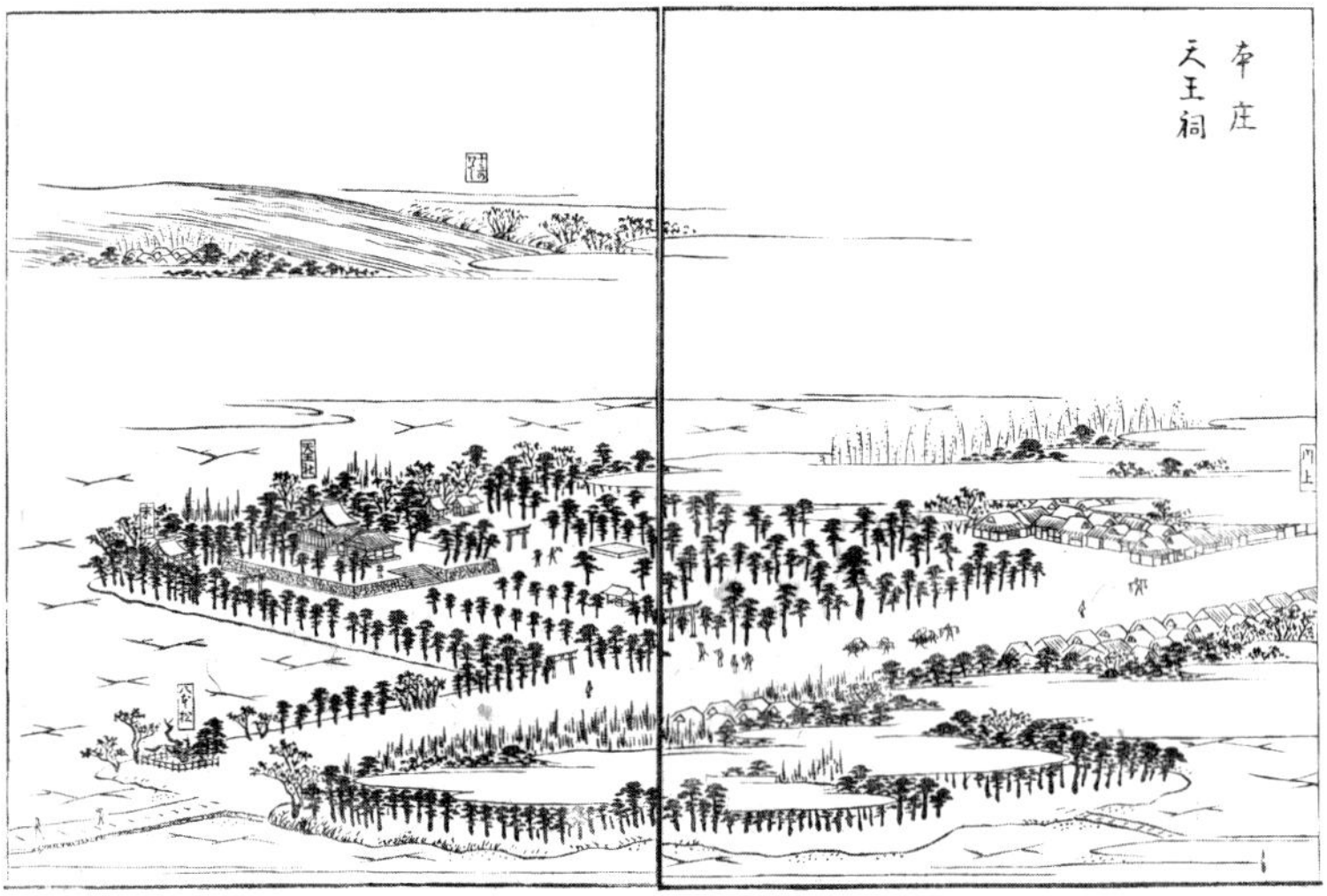

『摂津名所図会』巻三「本庄 天王祠」

ところで、逆巻という地名は、淀川を上る船がここで帆を「逆」に「巻」きつけたことにちなむといわれています。この付近は流れが激しく、水難にみまわれる船も少なくなかったようです。その犠牲者の供養と水運祈願のため、地蔵尊が安置されたのが、弘化三（一八四六）年のこと。絵の中央にみえる石像がそれ。川面に浮かぶ三十石船の真ん中、苫のあいだから男性ふたりの姿がみえます。おそらくは、月明かりに照らされた地蔵尊に、旅の無事を願っているのでしょう。かつて淀川を往来する旅人たちを見守ったこのお地蔵さま、現在は場所をかえ、大阪市立大桐中学校の北付近に安置されています。

　前述の豊里大橋は、日本万国博覧会の開催にあたり、一九七〇（昭和四五）年に架橋されました。それまでは、豊里大橋の北詰西付近と対岸とを渡す平田の渡しがあり、同年の三月三日まで、人びとの足として利用されました。この渡しについて、本文は次のように記しています。

『摂津名所図会』巻五「吹田渡口」

摂州西成郡平太村より東生郡今市村へ淀川をわたす舟渡しなり。今市のわたしとも云ふ。平太より大坂へ行程およそ二里。

平田の渡しは延宝四（一六七六）年から一九〇七（明治四〇）年まではいわば個人経営のかたちだったのが、その後、公営にかわり、無料となったといいます。

この逆巻から平田までの淀川には、かつて新川と呼ばれる支流があったと、絵の解説にみえます。絵の左下をよくみると、水主たちが堤に上がり舟を曳いているのがわかります。手前には中州がみえ、その向こうを通船しているのです。つまり、これが新川。支流ということもあり、本流の水位によっては通行できないこともあったのでしょう。そのため、人夫たちが瀬をさらえ、通船の助けをしたといいます。ちなみに、新川を通るのは上り船で、下りは本流の流れを利用しました。

行水に　たえず流るゝ　柳かな

山川

◆江口《えぐち》 歌墳《うたづか》 君堂《きみだう》

大阪市営地下鉄今里筋線：瑞光四丁目

『摂津名所図会』の本文には、次にあげる『新古今和歌集』の和歌が紹介されています。

天王寺へまゐり侍けるに、にはか雨ふりければ、江口にやどをかりけるに、かし侍ざりければ詠み侍

世の中をいとふまでこそかたからめ　かりのやどりをゝしむ君かな

西行法師

2　淀川ゾーン

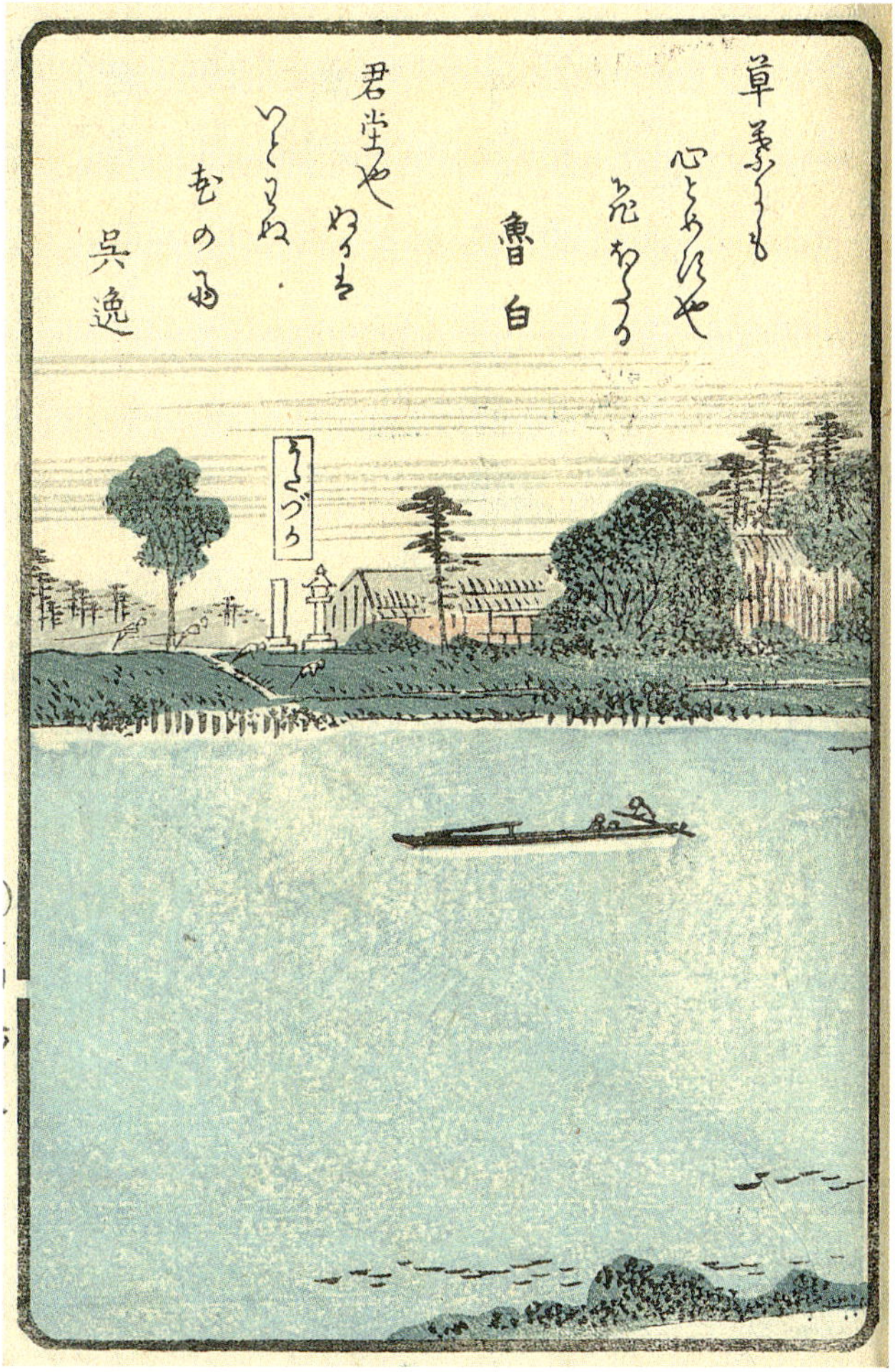

堤防はいっそう高くなり、高層住宅も建ち並び、当時の面影を感じることはない。

世をいとふ人としきけばかりの
宿に　心とむなとおもふばかり
ぞ
遊女妙

これは謡曲「江口」の題材にも

なった、西行と遊女妙とが贈答した和歌です。
絵は淀川右岸の江口あたりの眺めを描いています。絵の右に「君堂」とあるのが、宝林山普賢院寂光寺、通称、江口君堂です。君堂からみて南、絵の左に「うたづか」があります。これは先述の贈答歌を刻んだ石碑。江戸時代には絵にみえるとおり、

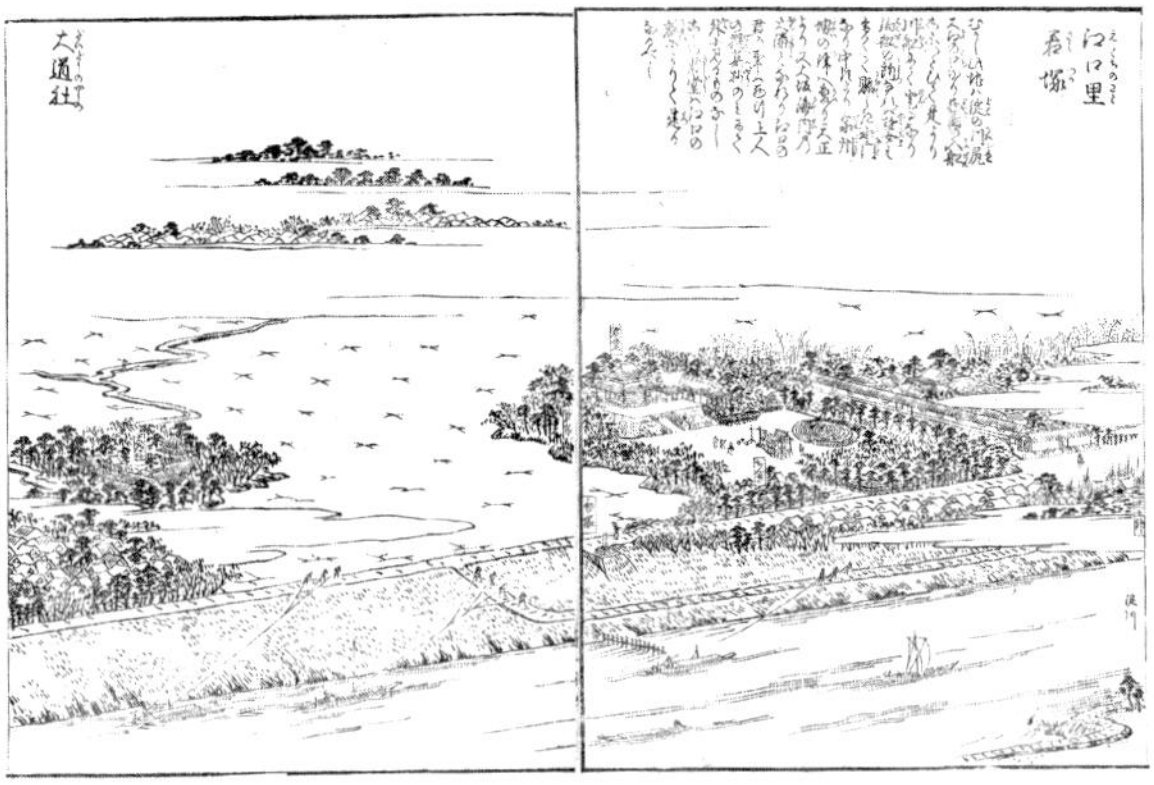
『摂津名所図会』巻三「江口里 君塚」

同「江口君」

堤のそばに建っていました。明治期の淀川改修に際し、現在ある君堂の境内に移されたのです。
この江口について、本文は次のように解説しています。

右、神崎川の南の岸にあり。くはしくは難波江口なるべし。いにしへ此所は、淀の川尻《かはじり》にして難波江のはじめなれば、江口といふ也。西国より都におもむく船、こゝにつどひて、是より川舟にのりかへ上《のぼ》るなり。さる程海船《かいはく》こゝに泊《とま》る湊《みなと》なれば、繁花の地にして遊女《ゆうじょ》もあまた有之、賑しかりしなり。中頃、泉州堺の津にかわり、天正年間より大坂海内《かいだい》の大湊となれり。今は農家僅《わずか》に

ありて、耕作の地となれり。

江口は淀川と神崎川とが分岐する中州の崎にあたり、「難波江」の「口」ゆえに、この名がついたという。『源氏物語』や『平家物語』の時代、京から西をめざす際には、船で淀川を下ることが多かったようです。とくに西国へと向かう（あるいは、西国から京をめざす）場合、船を乗り換える必要がありました。つまり、川用と海用の船を乗り換えるための湊として、江口は栄えたのです。ゆえに、船客をもてなす遊女たちがいたということ。ただし、天正年間以降、その役割を堺が果たすようになり、『淀川両岸一覧』が出版さ

れています。

れた頃には「耕作の地」に変わっていたのです。

絵の左、賛の発句は、魯白と呉逸の作。

草葉にも　心とめずや
飛ぶほたる

君堂や　ふるはいとわぬ
花の雨

「ほたる」や「花」ということばは、かつての遊女たちのすがたに重ねているのでしょうか。ちなみに、『摂津名所図会』に載る「江口君」の挿絵には、雨中、遊女妙を訪ねる西行のすがたが描か

右岸神崎川一津屋樋門門扉取り付け（淀川河川事務所提供）

◆守口駅《もりぐちのえき》 新川《しんかわ》
◆佐太天満宮《さだてんまんぐう》

京阪電車：守口市駅／地下鉄谷町線：守口駅
京阪電車：寝屋川市駅・京阪バス：仁和寺

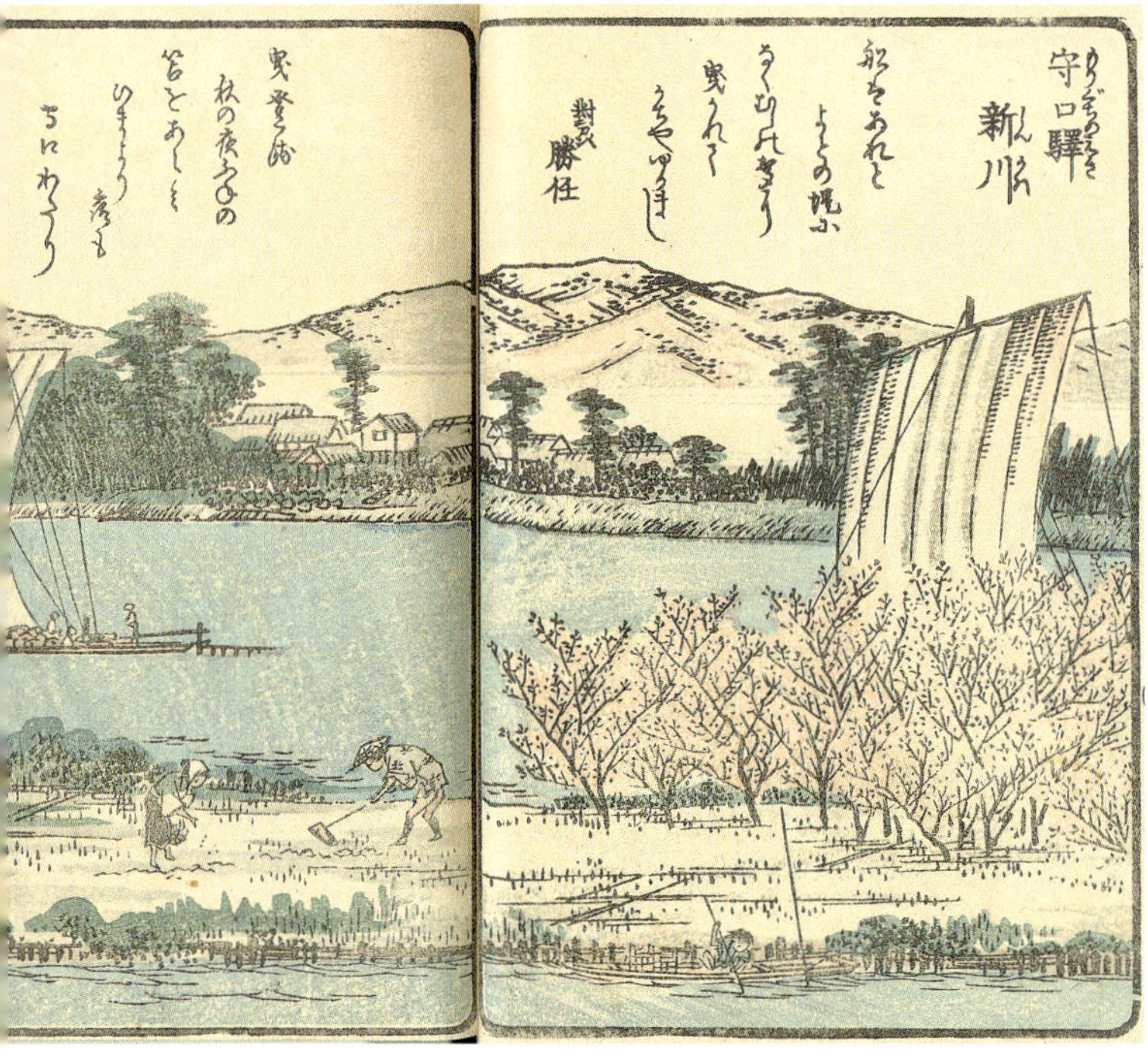

守口駅新川

「守口駅 新川」の絵は淀川左岸の守口あたりの風景を描いています。ここ守口は、江戸時代、大坂から京へと向かう街道の宿場として栄えました。本文の解説には次のようにに記されています。

浪華《らうくわ》より京師《けいし》に上《のぼ》る陸路の官道第一の駅なり。高麗橋より此地に至る行程二里。歴《へ》ところ、片町《かたまち》、野田町《のだまち》、野江《のえ》、内代《うちだい》、関目《せきめ》、森小路《もりせうぢ》、今市、土居等なり。是を本街道あるいは東街道といふ。

ここにある「東街道」とは東海道のこ

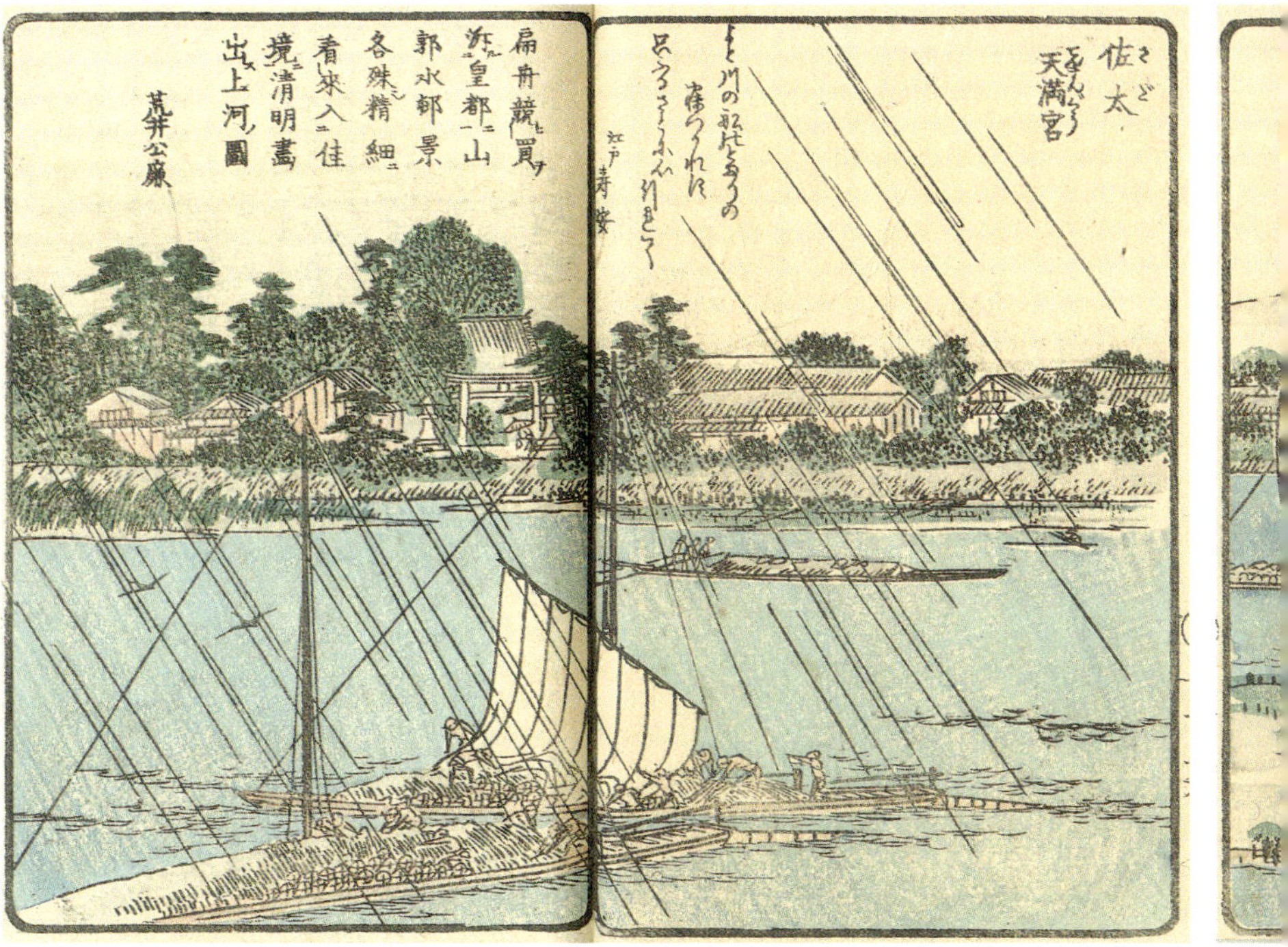

佐太天満宮

現在の佐太天満宮の位置から淀川を見ることはできないが、堤防から鳥居を見ることはできる。

淀川と神崎川の分岐地点から対岸を望むと、堤防の向こうに京阪電車守口駅がみえる。

と。五十三次として知られる東海道ですが、当時の京坂では、守口、枚方、淀、伏見を含む五十七次として認知されていました。ですから、大坂の高麗橋《こうらいばし》を起点に京へ上る際には、守口がいちばん最初の宿場だったのです。

宿場には名物がつきもの。守口もその例にもれず、「守口漬」

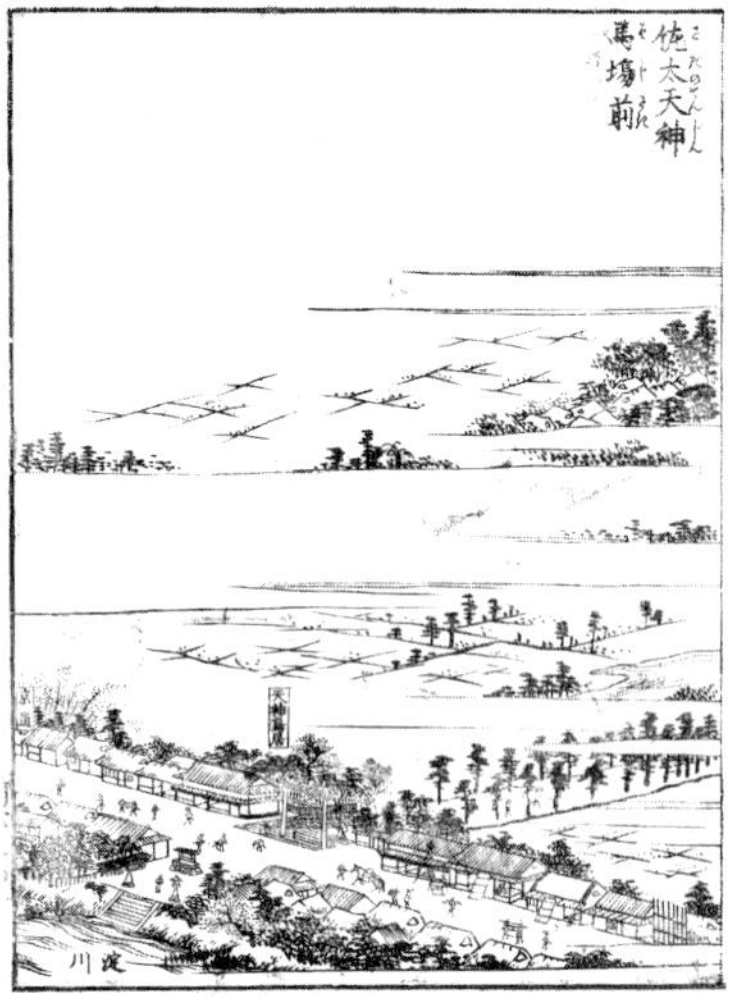

『河内名所図会』巻六「佐太天神 馬場」

という名物が旅人の舌を楽しませていました。本文は次のように記しています。

長菜菔《ながだいこん》の糟漬《かすづけ》は当所の名物にして世に守口醃《づけ》と号す。風味殊更《ことさら》に美なり。因《ちなみ》に云、この長菜菔は生《なま》なる時は宮前《みやのまへ》菜菔と号し、往昔《いにしへ》は摂州天満天神の宮前いまだ田圃《でんぼ》なりし時、作出せしを以て宮前の号あり。然《しか》るに浪花繁栄に随《したが》ひ、漸《しだい》に土地ひらけて、今は宮前はいふも更なり、宮後《みやのうしろ》も数十町人家となり、此大根も当時は長柄の辺《ほとり》にて作るよし。然《しか》れども尚旧名《もとのな》を用ひて宮前菜菔と称す。尓有《さる》を此守口に求めて糟蔵《かすづけ》にし、守口漬といふ。

「守口漬」とは、酒粕に漬けこんだ大根の漬物です。守口本陣を預かる吉田八郎兵衛が献上し、かの豊臣秀吉も賞味したとか。その際、「守口漬」と名づけたともいわれています。残念ながら、現在は「守口漬」は「守口大根の奈良漬」として扱われています。ただし、明治時代以降は、名古屋の名物として「守口漬」の名が残っています。

絵には、帆を張った荷船が二艘。守口より上流は「岸をはなれ内に入る」ため、人力でなく風力を利用して上流をめざします。手前に流れるのは「新川」、中州をはさんだ淀川の支流です。その中州には畑仕事をする夫婦の姿がみえます。先述の「守口漬」に使用する長大根は細長く、砂州で育てるのに適しています。おそらくは、この付近でも宮前大根をつくっていたのでしょう。

続く「佐太天満宮」の絵は、雨の景色を描いています。正面にみえる鳥居が佐太天満宮で、この付近の産土《うぶすな》社です。絵の賛の狂歌は、「佐太」と「沙汰」を掛けたもの。

よど河の船のとまりの寝
つかれず　只ふるさとに
心引れて
江戸　寿安

同「衫子絶間」

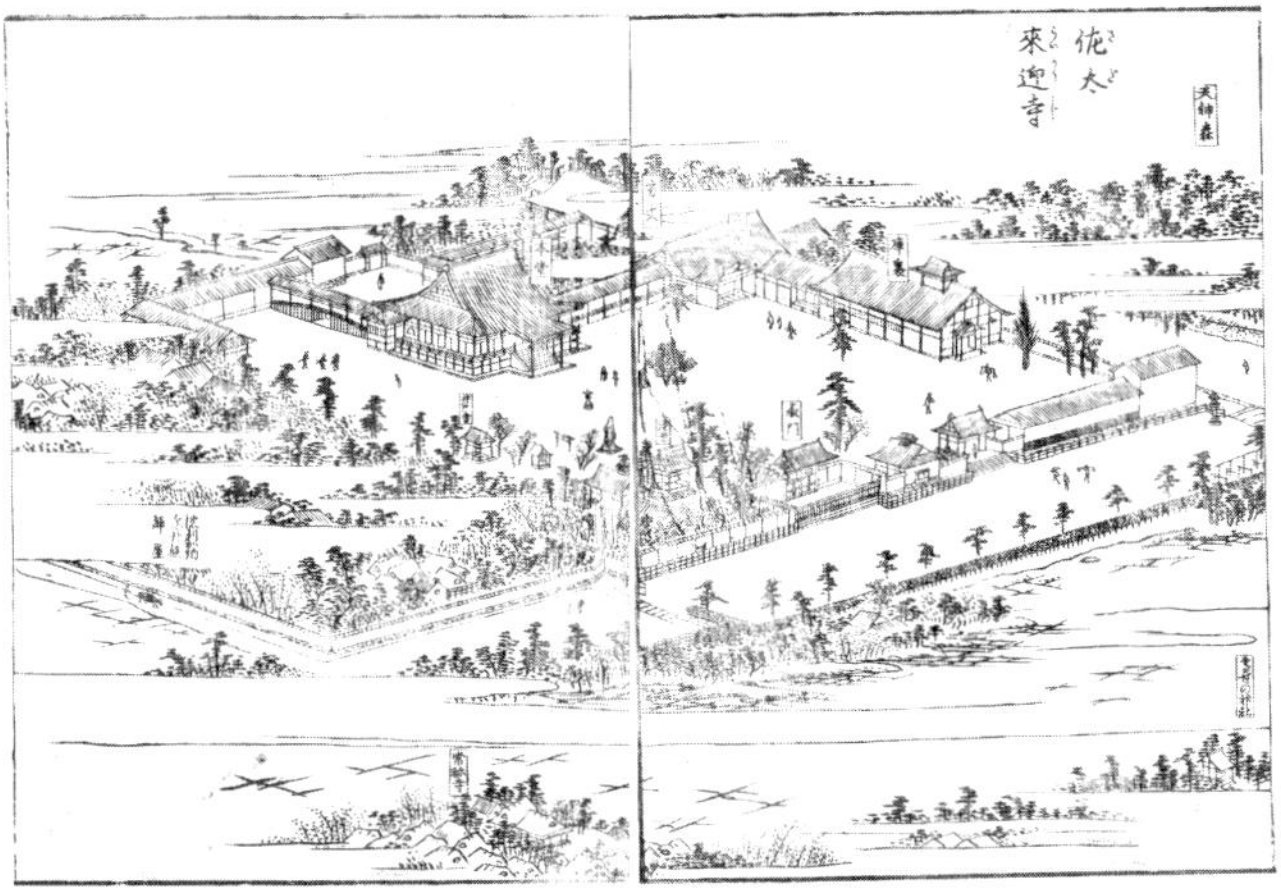

同「佐太 来迎寺」

◆鳥飼《とりかひ》 藤杜神社《ふぢのもりのじんじゃ》
◆柱本《はしらもと》 稲荷祠《いなりのやしろ》

大阪モノレール：南摂津駅
JR高槻駅・市営バス：三島江

鳥飼 藤森神社

「鳥飼 藤杜神社」の絵は淀川右岸にある鳥飼あたりの風景を描いています。絵の上部の解説は次のとおり。

鳥飼《とりかひ》は上中下西村《かみなかしもにしむら》と四ヶ村ありて、其《その》あひだ至《いたつ》て長し。凡《およそ》上村より西村までの間、一里の余《よ》あり。生土神社《うぶすなのやしろ》は西村にありて藤の森の社といふ。此所にも河堀《かはほり》の人夫を出して土《ど》砂《しゃ》をさらへ、水路をよくす。柱本におなじ。

現在の鳥飼は淀川沿いの中央環状線と仁和寺《にわじ》大橋のあいだの地域ですが、江

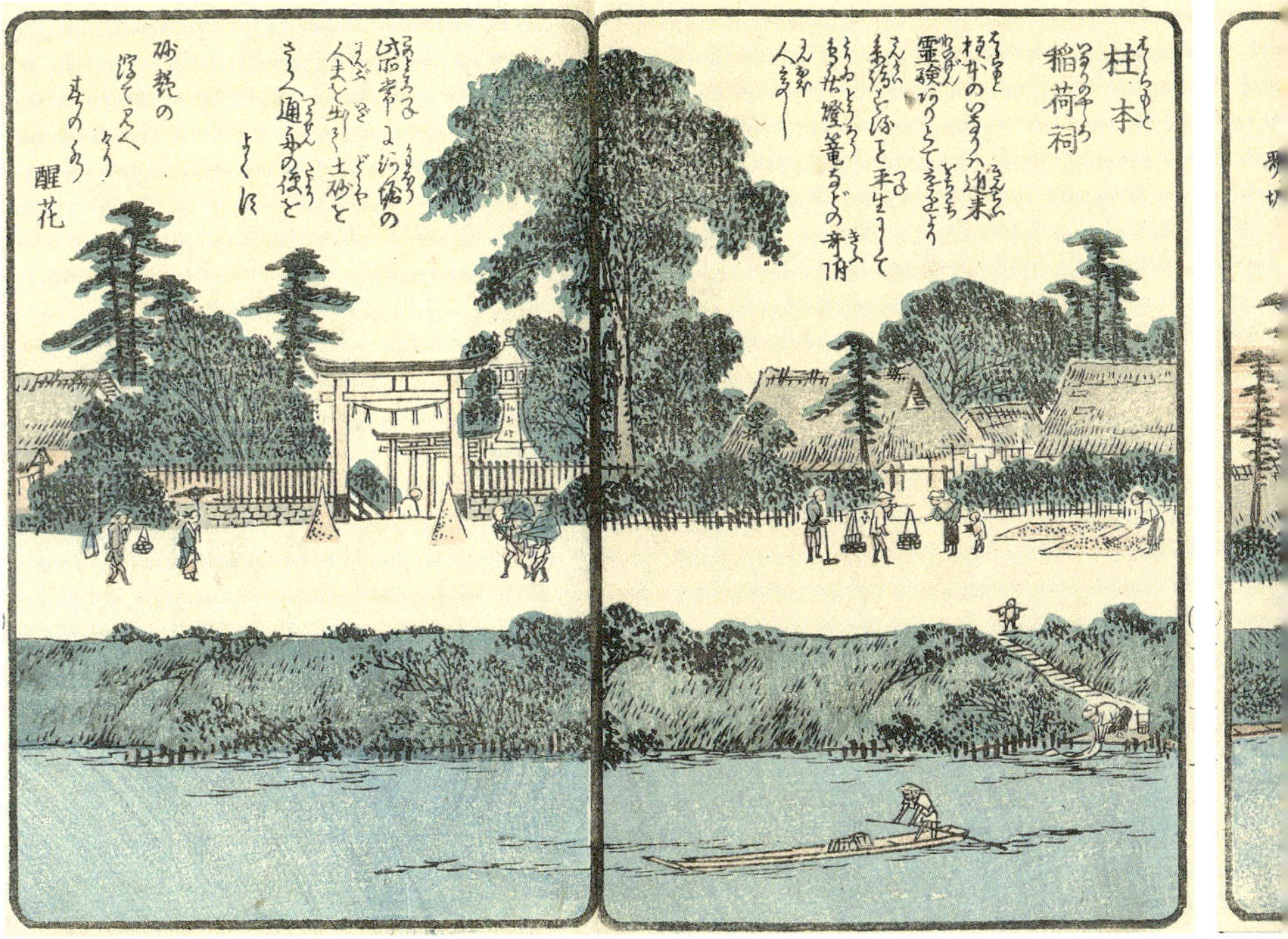

柱本 稲荷祠

稲荷祠は堤防で見えない。川へと降りる階段もなく、洗濯をする女性の姿を見ることもない。

川からは堤防で見えないが、近づくと藤森神社の鳥居と石灯籠が昔のまま残っている。

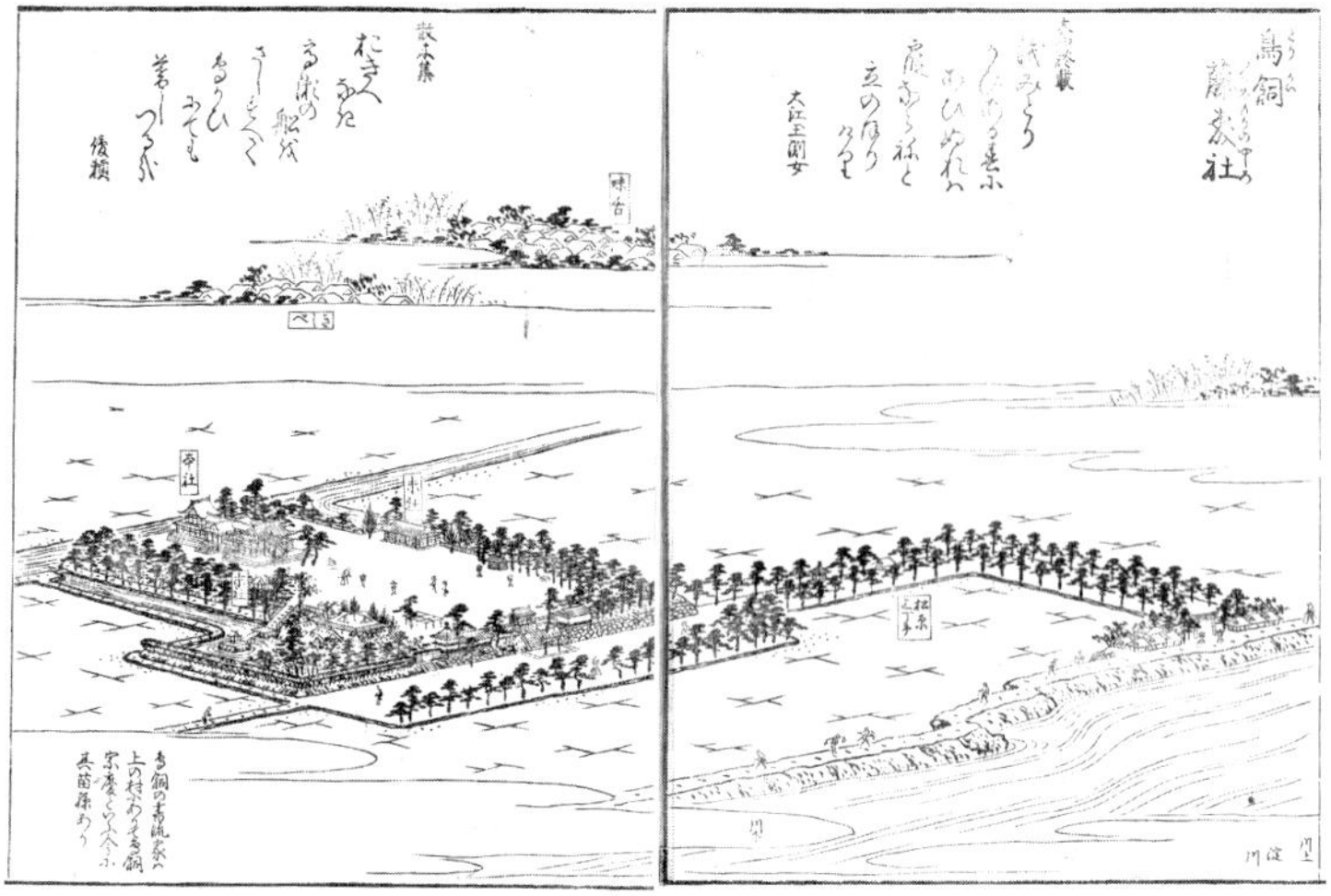

『摂津名所図会』巻五「鳥飼藤森社」

戸時代には上・中・下・西の四村にわかれていたのです。

鳥飼の産土社は、西村にある藤森社です。この藤森社について、本文は次のように記しています。

山州藤の森、崇道《すだう》神敬《じんけい》天皇を勧請す。例祭九月九日。同所に三本松天満宮と称するあり。菅《かん》公《こう》筑紫《つくし》に御下向《おんげかう》のときこゝに船をよせさせ給し旧跡といふ。例祭《まつり》六月二十五日。また当村中に下《さが》り松、義経《よしつね》松、踊《おど》り松とて名木あり。

この社、もとは伏見の藤森神社に祀られる崇道天皇を勧請し、その名がつけられたとあります。崇道天皇とは早良《さわら》親王のこと。桓武天皇の弟宮で、藤原種継暗殺に連座したという嫌疑により配流される途中、憤死したといわれています。世くだって、藤原時平の讒言により太宰府に左遷された菅原道真は、鳥飼に立ち寄ります。その際、「もしも若葉が芽吹いたら、ふたたび京に戻ることができるだろう」と、使い終えた楊枝松を地面に挿された。果たして、幹は伸び三枝に分かれた。その場所に社祠を営んだという。とはいえ、下り松、義経松、踊り松と楊枝松とがつながっているとみるのは、ややうがちが過ぎるかもしれません。

絵の左にみえる鳥居は一の鳥居で、藤森神社はここから西北の方角にあります。この鳥居の左下には、土手を降りるための階段がみえます。ここには鳥飼の渡しがありました。本文は次のように記しています。

下鳥飼より河州茨田《まつた》郡《ごふり》仁和寺《にわじ》村、淀川をわたす舟わたしなり。故に仁和寺のわたしとも云。

絵の右の土手、京をめざす旅人が駕籠《かご》かきに道を尋ねるすがたがみえます。

淀川やのぼる堤に下る舟　浪花
みやこと行わかれつゝ　歌城

「柱本　稲荷祠」の絵、左にみえるのが、現在の稲荷の鳥居です。現在は、三島鴨神社の境内に祀られています。解説によると、「柱本のいなりは近来霊験あるという評判で、「鳥居、燈籠などの寄附人」が多かったとか。おそらく、奥手にみえる鳥居も、篤信者の寄進と思われます。

砂艶の　浮て見へけり　春の水
醒花

淀川の景（明治後期〜大正初期の絵はがき）

◆三嶋江《みしまえ》
◆三嶋江《みしまえ》渡口《わたし》

JR高槻駅・高槻市営バス三島江
京阪電車：光善寺駅

三嶋江

「三嶋江」の絵は、淀川右岸側、三島江の渡し場のようすを描いています。ここから河内国茨田郡出口へ渡ることから、「出口のわたし」とも呼ばれていました。絵の左の舟には「わたし」のキャプションがみえます。一方、右下にも船着きがみえます。こちらは大坂と京とを往来する三十石船で、旅人が乗りこもうとするすがたがみえます。これについて、本文は次のように解説しています。

川辺に茶屋ありて、酒飯《しゅはん》を商ふ。又船客の勝手によりて此所より上《あが》るあり、

2　淀川ゾーン

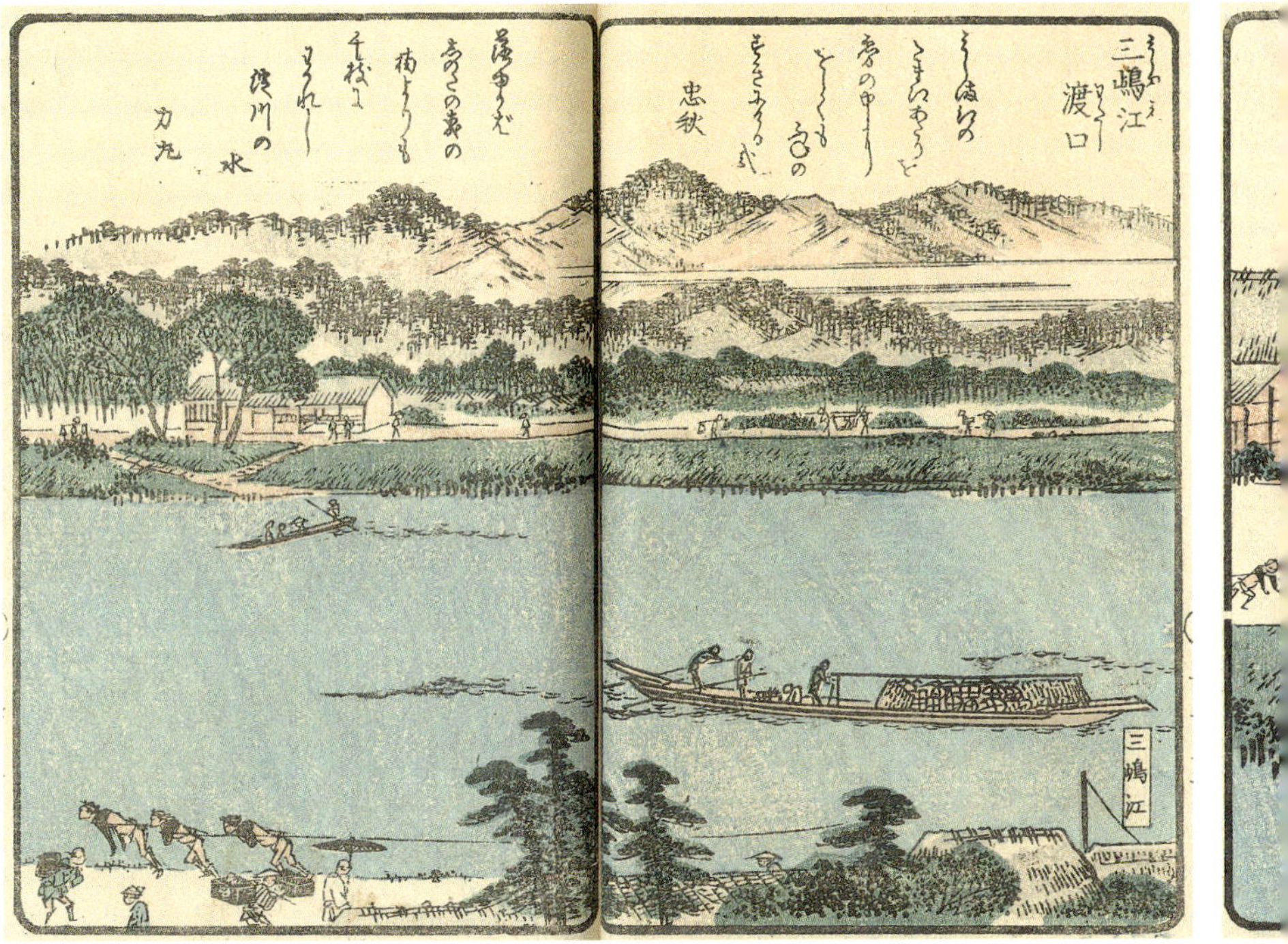

三嶋江渡口

三島江から対岸の出口松が鼻方面を望む。現在、淀川両岸が公園として整備されている。

淀川左岸から見た三島江。堤防と河川敷の平行線、変化のない風景が続いている。

三島江築堤護岸、水制、浚渫船（淀川河川事務所提供）

或は乗《のる》るありて、多く此岸に舟をつくる。上下ともに同じ。

三島江から、北に行けば高槻城下、北西に行けば茨木城下、さらにそれらをつなぐ西国街道がとおっています。そのため、この岸で三十石船を乗り降りする旅人は多かったことでしょう。このことは、彼らの立ち寄る数軒の茶店が営まれていたことからも推察されます。

絵の上部の賛は、蕉門の俳人である窪田猿雖の句と源頼家（官位についていたため作者名には藤原と表記）の和歌の二作です。

川淀や　淡をやすむる　芦の角
猿雖

春霞かすめるかたや津の国の
ほのみしま江のわたりなるらん
藤原頼家

淀川右岸のこの付近は、三島江や玉川など、歌枕の多い土地でもあります。そのため、本文にも次のように記されています。

実《げに》や淀川の流れを帯て、浪花《なには》より京師《みやこ》に通ふ船夜となく昼となく櫓拍子《ろひやうし》に歌諷《うた》ひて、さし下すあり登る有。引船の綱長く、あるは綱短く鉄車《かなぐるま》をかよふ音涼しく、引つれる水主《かこ》の足並柳にもつれ、芦間の蛍飛かふけしき、時鳥《ほととぎす》の一声《ひとこへ》に月清《すみ》わたり、流水溶々として河風凛々たるに、船より船に酒うる声 驚忽《きょうこつ》として、人々眠を覚す頃、初雁のかり〳〵に千鳥なく霜寒き夜《よ》、みな此三嶋江の風流にして、何《いづ》れか和歌の種《たね》にならぬはなし。

桂園の家人である渡忠秋の和歌は、川霧のために名にし負う名所を目にすることができなかった口惜しさが表現されています。

一方の鬼拉亭力丸の狂歌からは、信太《しのだ》の森の楠《くすのき》の枝よりもなお、淀川の流れが枝分かれしているようすがうかがえます。ただし、こうした「千枝にわかれ」た流れは、近代の河川改修などにより、そのすがたを変えています。同様に、かつての名所であった三島江も、区画整理された田畑のなかに、工場と新旧の民家とが建ちならぶ風景へと転じています。

また、「三嶋江渡口」の絵は、淀川左岸の出口のあたりを描いています。左中央が渡し場で、堤の傍らでは茶店が営まれていました。この絵は左岸の景色を描いていますから、本来ならば、賛には出口や松が鼻に関係のある作品を載せるのが筋。ただし、「和歌の種にならぬ」ものがないと賞される三島江には勝てぬとみえます。賛の和歌は次の二作。

みしま江のたま江あたりを霧の
中に をしくもふねのすぎにけ
るかな
忠秋

落ゆかばしのだの森の楠よりも
千枝にわかれし淀川の水
力丸

◆伊加賀《いかが》

◆其二 枚方駅《ひらかたえき》 泥町《どろまち》

京阪電車：枚方公園駅

「伊加賀」の絵は、淀川左岸、枚方宿の西端あたりを描いています。これに「其二 枚方 泥町」が続き、川沿いに多くの家屋が軒を連ねていたようすがわかります。枚方宿について、本文は次のように記しています。

此駅《うまつぎ》は京師《みやこ》、浪花《なにわ》の通路のうへ、西国の諸侯方関東参勤の官道なるがゆへに、旅舎《はたごや》、本陣《ほんぢん》、茶店《さてん》、貨食家《にうりや》多く、将飯盛《はためしもり》の女などありて、昼夜ともに賑しく、駅中《えきちう》、泥町《どろまち》、三矢《みつや》、岡《おか》、新町等《しんまちとう》の小名《こな》

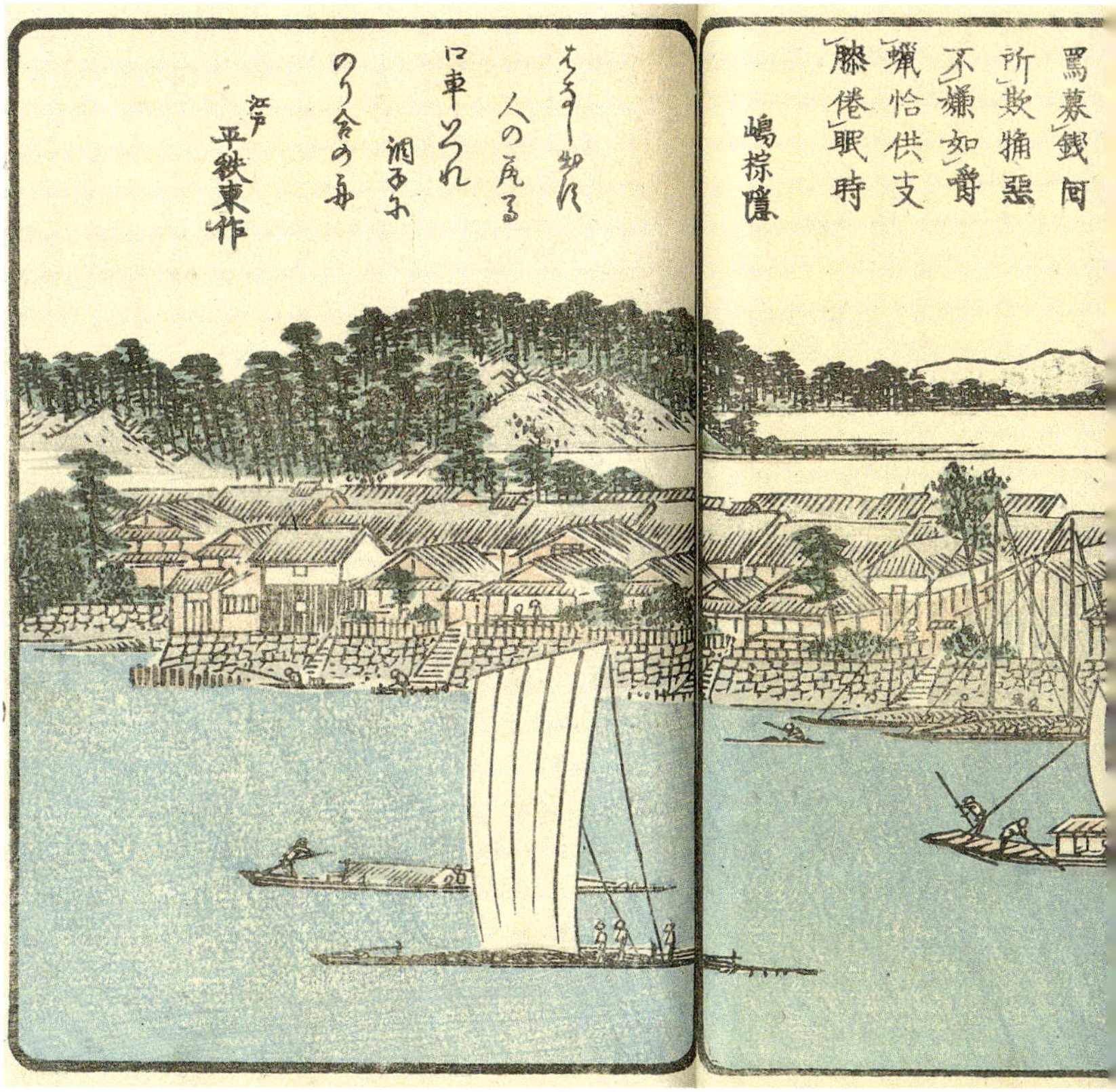

ありて、町続き頗《すこぶ》る長く、至ての繁花なり。

参勤交代の西国大名たちも往還した官道沿いの宿場とあって、本陣や脇本陣を中心に、旅籠、茶

三味や太鼓の音が客を呼び寄せた鍵屋の２階が、右手堤防の向こうに小さく見える。

店などが多く営業し、通行する旅人で賑わっていたといいます。

三矢にあった本陣・脇本陣は、一八七〇（明治三）年の本陣廃止により、取り壊されました。

その後、跡地に北河内郡役所が置かれ、現在では淀川左岸水防組合事務所が建っています。また、船宿として知られる鍵屋は、「市立枚方宿鍵屋資料館」として、枚方宿の歴史をいまに伝える拠点となっています。

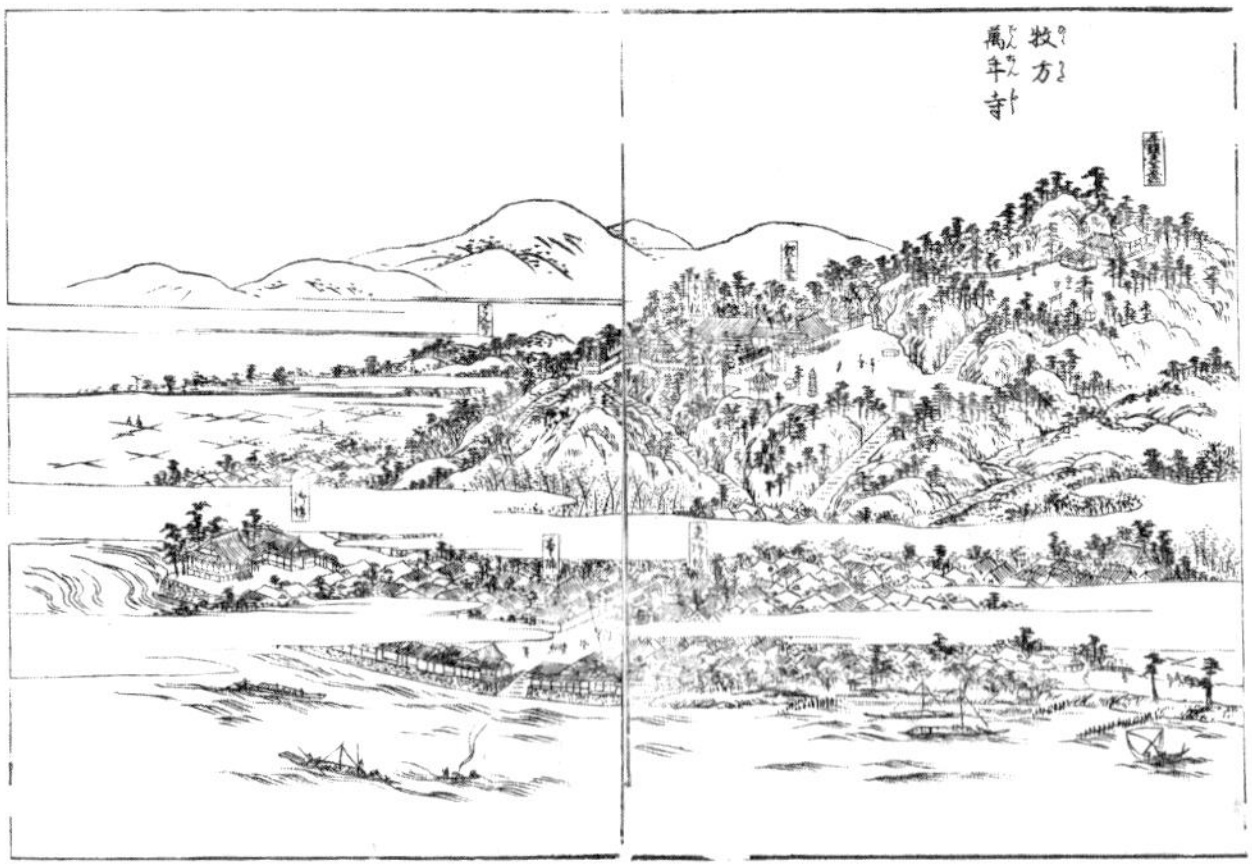

『河内名所図会』巻六「枚方 萬年寺」

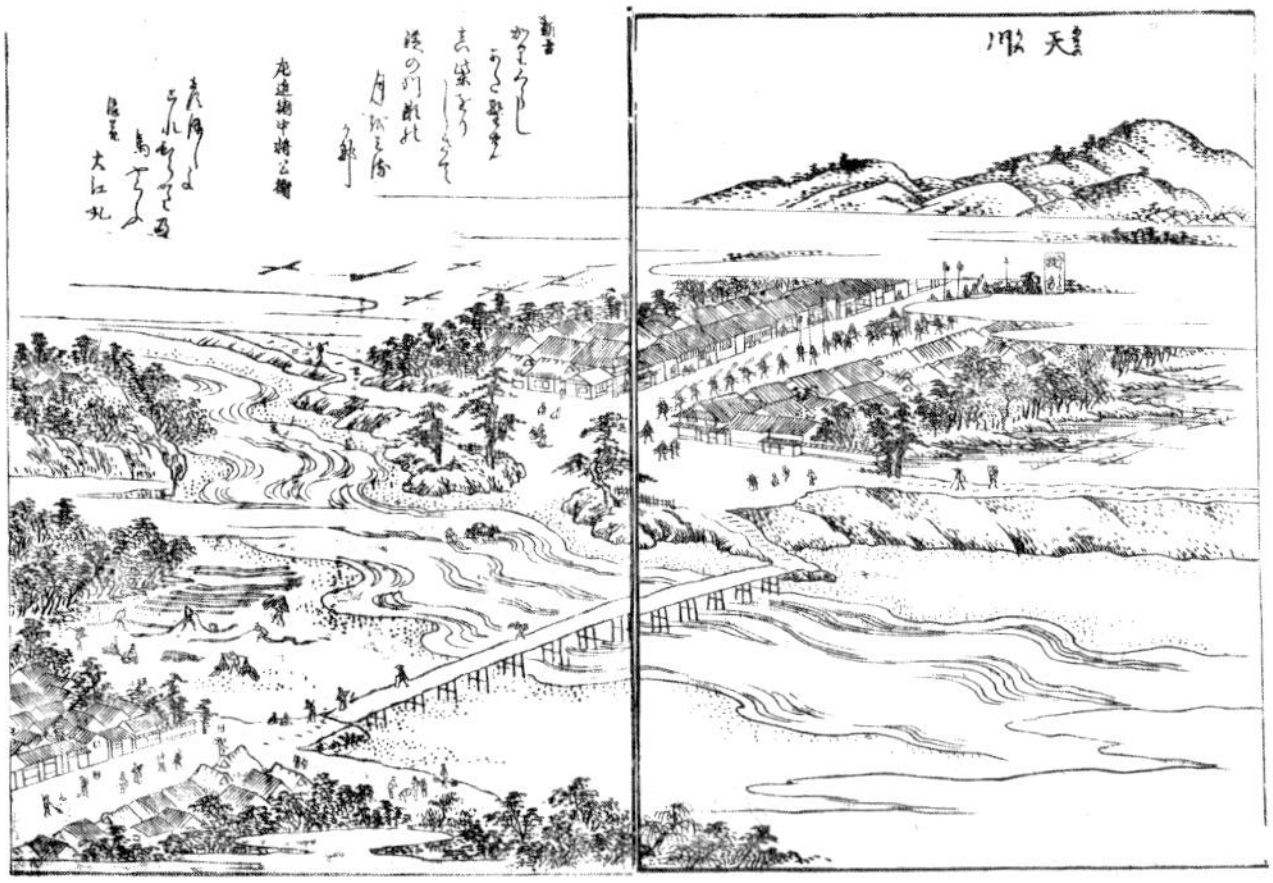

同「天川」

「其二 枚方 泥町」の賛は、中島棕隠の漢詩と、平秩東作の狂歌です。

土人食を売り瓜皮を盪ふ
嘲罵し銭を募るに何ぞ欺れんや
觕悪なるを嫌はず蠟を嚼む如し
恰も供膝を支え眠りに倦く時

はなし出す人の尻馬口車　いづれ調子にのり合の舟

淀川右岸高槻より三矢、泥町方面を望む。長松山に大阪府天然記念物のむくの木が見える（昭和初年『目で見る枚方・交野の100年』より）

漢詩にある「食を売り瓜皮を盪ふ」とは、いわゆる「くらわんか舟」のことをさしています。

貨食船《にうりぶね》は当所の名物にして、夜となく昼となくさゝやかなる船に飯、酒、汁、餅などを貯《たくわ》へ、上り下りの通船を目がけて、鎰《かぎ》やうの物を其船に打かけ、荒らかに苫《とま》引あげ、眠《ねぶり》がちなる船客を起して、声かまびすしく酒食を商ふ。俗にこれを喰《くら》わんか船と号す。往来《ゆきき》の船にもし風波《ふうは》の難ある時は、此舟々漕《こぎ》つれ出て、夫《それ》を助る役《やく》ありと聞ゆ。

本文の解説をみると、やや荒っぽい販売スタイルとして描写されていますが、往来する船が水難に遭った際の、救助する役目を担っていたことがわかります。

両方の挿絵をみると、三十石船に十石船、貨食船、御座船などなど、各種の船が川面に浮かんでいるのがみえます。御座船や貨食船などは、「其二　枚方泥町」の挿絵のように、茶店や船宿の脇に設けられた階段を利用し、船着きに降りていました。街道のみならず、水運の要衝として繁栄したのが、ここ枚方宿だったのです。

◆伊加賀 其三

◆其四 枚方渡口《ひらかたのわたし》

京阪電車：枚方市駅

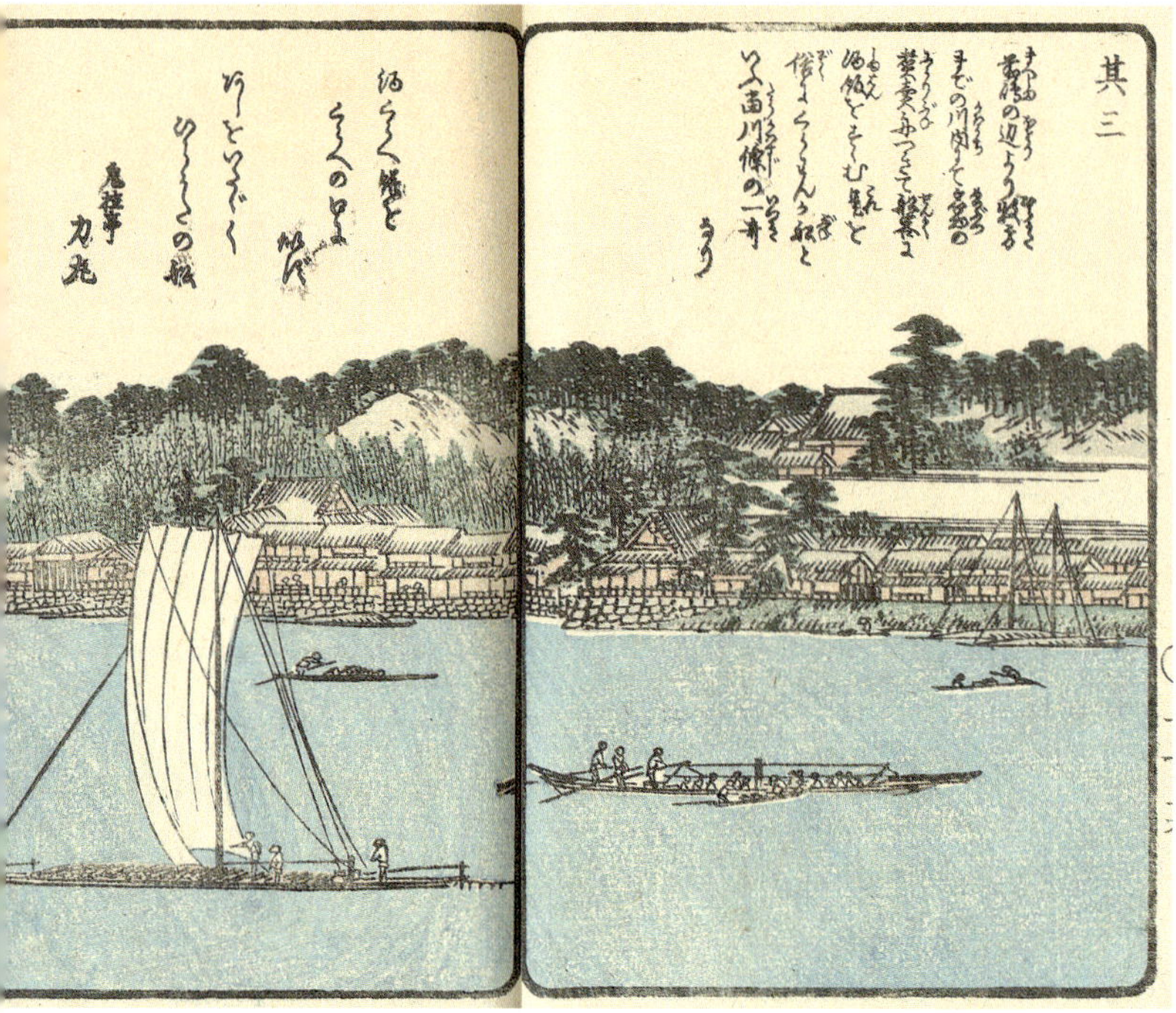

其三

「其三」の絵は枚方宿の三矢あたりを眺めた風景を描いています。絵の右中央、小高い場所にみえる伽藍は願生寺で、左中央にみえる伽藍は浄念寺。本文の解説には「両六条の御坊」があり、「詣人常に間断」がなかったとあり、人びとの崇敬をあつめていたことがわかります。ちなみに、願生寺が東本願寺、浄念寺が西本願寺の系統。

絵をみると、左に帆を張った荷船、右に上りの三十石船がみえます。この三十石船はいましがた枚方の岸を離れたところ。というのも、ここの宿場には船番所があり、淀川を往来するすべての船が検閲を受けていました。この

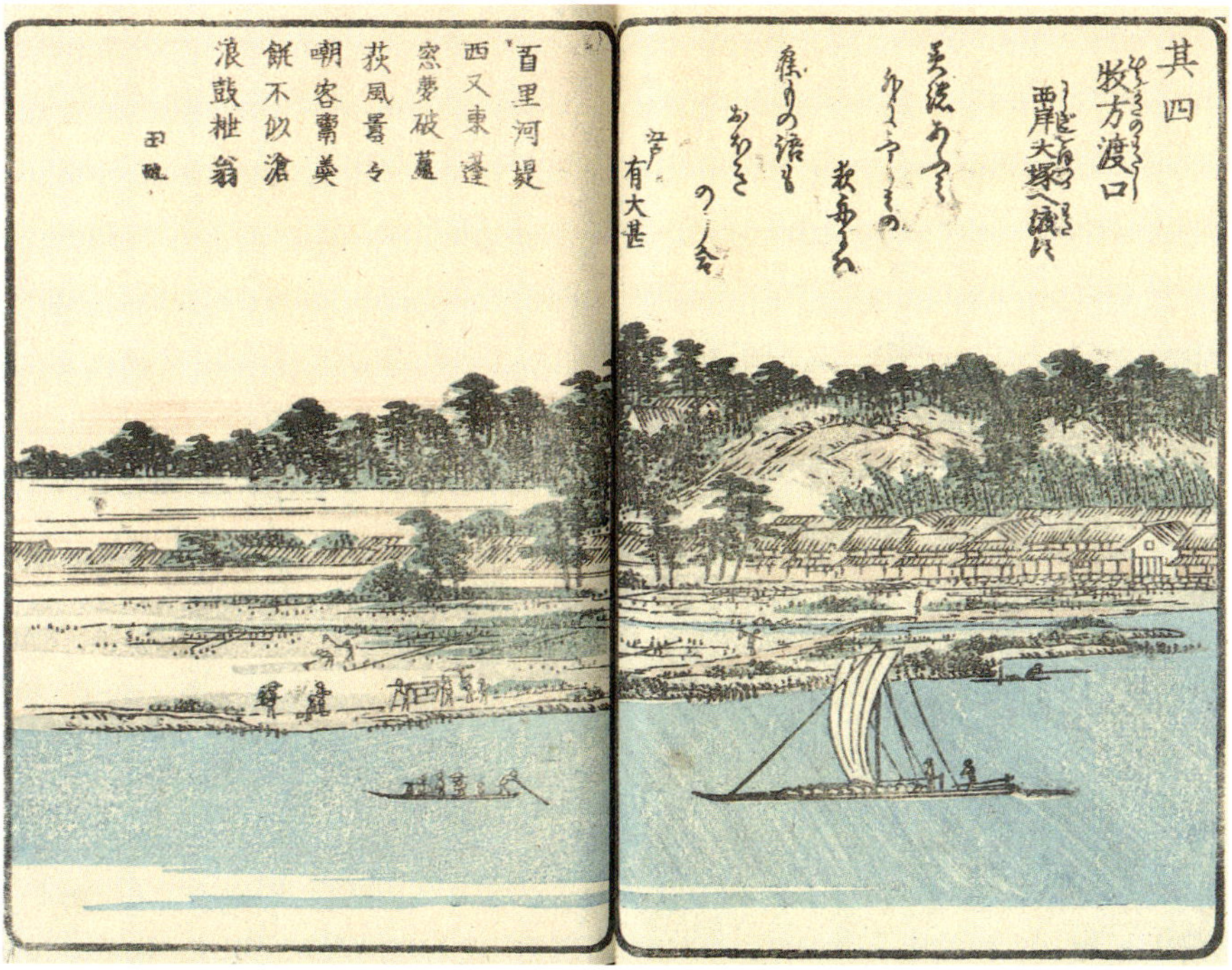

其四 枚方渡口

船は番所の検閲を受けた後で、苫が取り払われた状態に描かれているのはそのためです。本文には次のように記されています。

河川敷の芝生の公園には、子どもの笑い声。市民の憩いの場になっている。

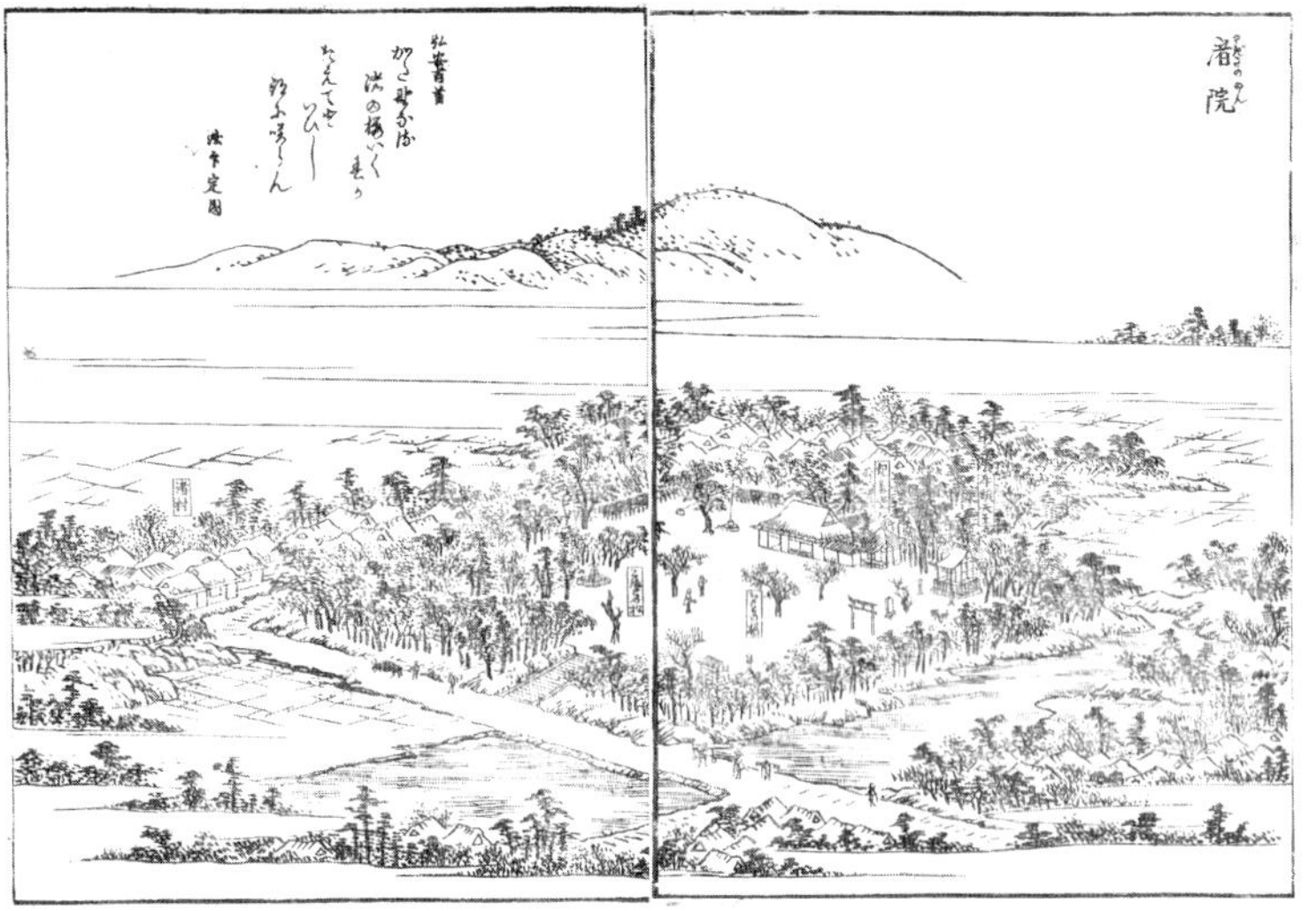

『河内名所図会』巻六「渚院」

> 監船所
> 枚方の駅にあり。淀川の船を監す。京師角倉氏、累世これを司る。

これをみると、船番所が角倉家により支配されていたことがわかります。角倉家は、大堰川や高瀬川などの開削にかかりのある一族で、京坂を上下する船の監視も任されていました。

ところで、件の三十石船をよくみると、脇に小さな舟が寄せられているのがわかります。これが枚方宿の名物、くらわんか舟。「飯食わんかい、酒飲まんかい、サアサア、みな起きくされ、よう臥さる奴らじゃな」と、声高に船を漕ぎ寄せ商いをする。これは十返舎一九の『東海道中膝栗毛』に描かれた一シーン。煮売りの口ぶりに、ついカッとなる弥次郎兵衛、乗り合わせた船客に「コレコレお前、腹立てさんすな、アリヤ、ここの商い舟は、あないに物を、ぞんざいに云うのが、名物じゃわいの」となだめられます。野卑が過ぎるように感じられる口上は、「当川条の一奇」としての演出でもあったのです。絵の左上、賛の狂歌は次のとおり。

同「惟喬親王遊猟」

酒くらへ餅をくらへの口に似ず　あしをいたゞくひらかたの船

鬼拉亭力丸

宿場町である枚方は、淀川右岸にある大塚への渡し場でもありました。三矢の渡し、大塚の渡しなどと呼ばれていたことが、本文の解説によって知られます。「其四　枚方渡口」の絵の左下にみえるのが、渡し舟です。

美濃あふみ外にふしみの夜舟には　寝もの語もおほきのり合

江戸　有大甚

百里の河堤西又東
蓬窓の夢破る蘆荻の風
囂々と客を嘲り羹餅を鬻ぐ
似ずや滄浪堤柮の翁に

田勢

さておき、枚方の名物はくらわんか船であったことが、絵の賛からも伝わってきます。

◆大塚《をほつか》

◆前嶋《まへしま》

京阪電車：枚方市駅・京阪バス：枚方大橋北詰

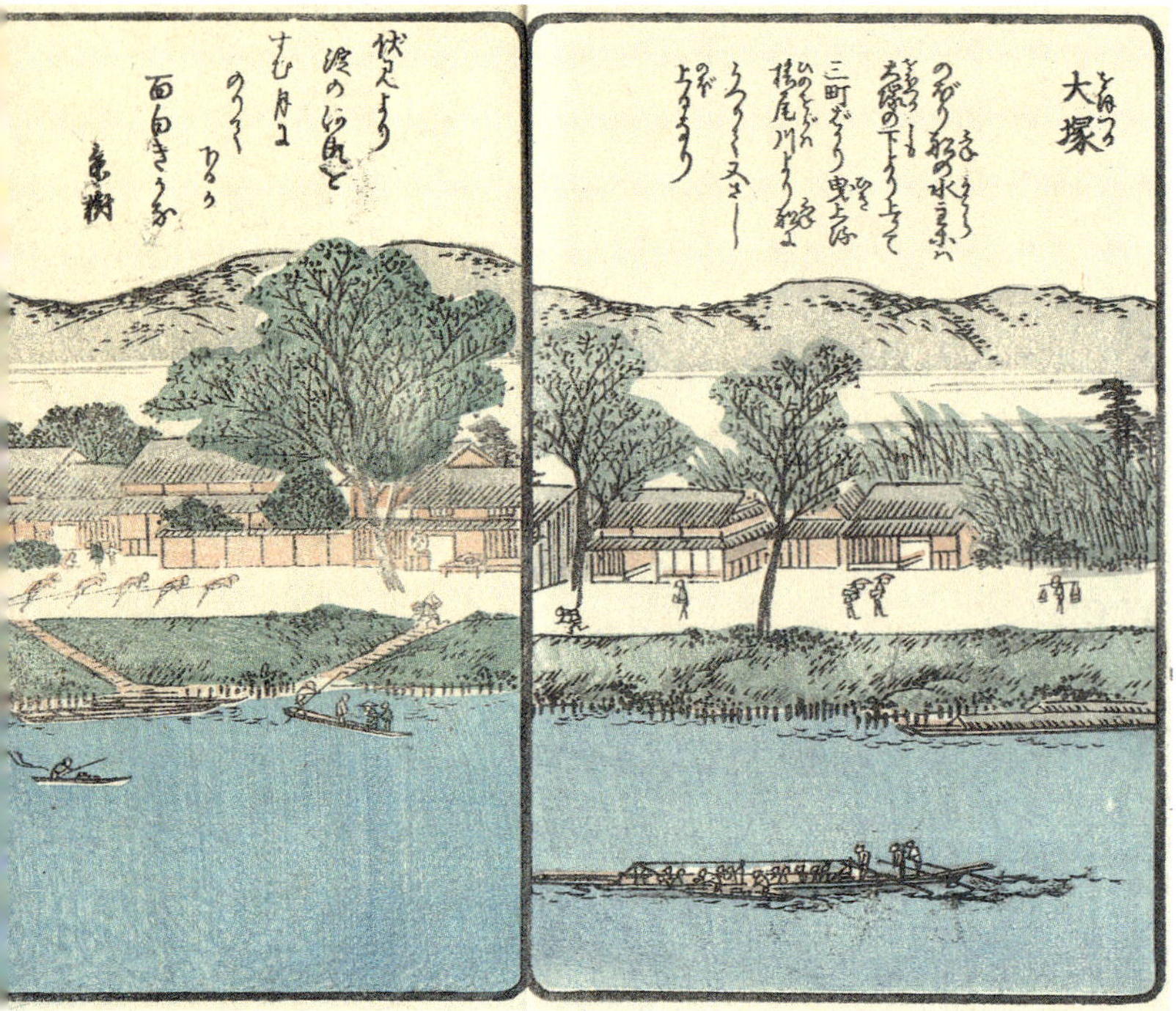

大塚

「大塚」の絵は淀川右岸の大塚の渡し場を、「前嶋」の絵は同じく大塚の上流の前島あたりの風景を描いています。大塚の地名について、本文は次のように解説しています。

村中に塚あり。大塚どのといふ。実は王塚なりとぞ。其姓名、詳ならず。

村の中に塚があり、それが王塚であるため、大塚となったといいます。ただし、いずれの王にかかわる墳墓であるかは不明であったようです。

ここ大塚は、対岸の枚方へ渡るための舟着場でもありました。

前嶋

前嶋。稜線山脈からこの辺りからの風景で あることがわかるが、昔を感じる ことは難しい。

大塚。水辺の木立が、水鳥を呼ぶのであろうか。

此地の向ふは枚方《ひらかた》の駅《えき》なれば、名物の貨食船《にうりぶね》漕《こぎ》よせて、上下《のぼりくだり》の船客に酒飯を商ふ。俗に喰わんか船といふ。

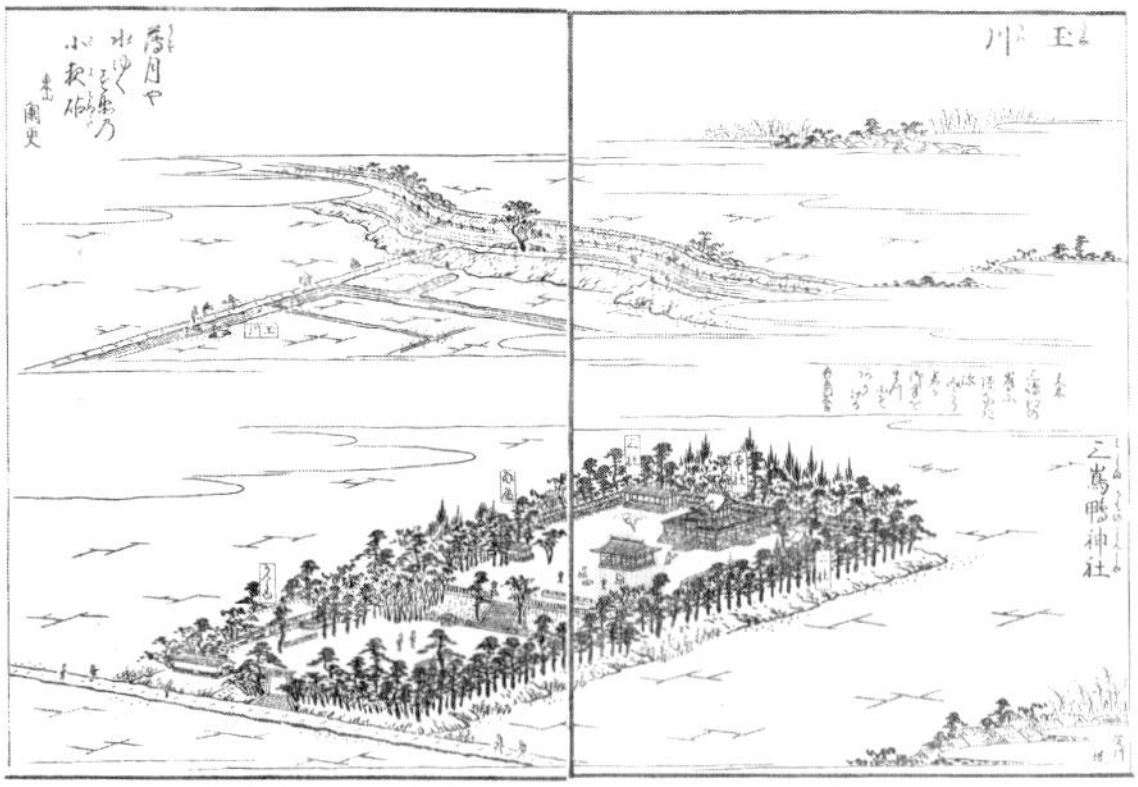

『摂津名所図会』巻五「玉川」

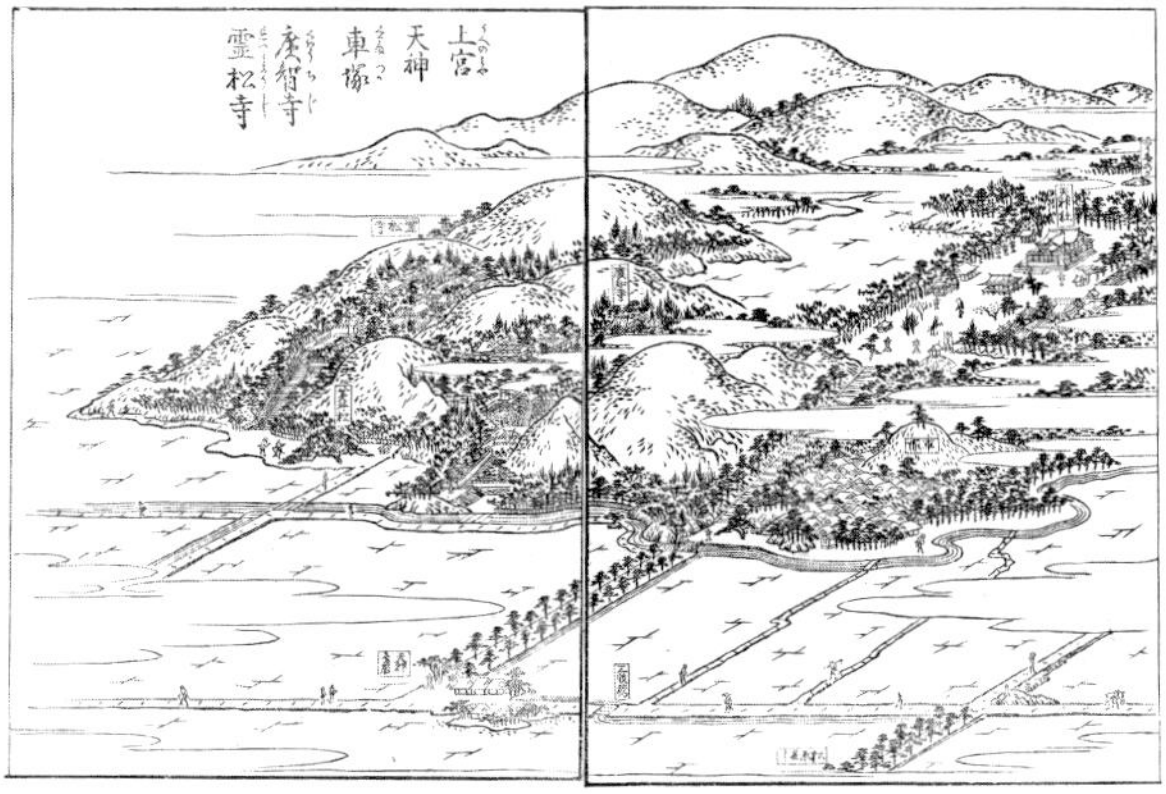

同「上宮天神 車塚 廣智寺 霊松寺」

渡しの長さは二八〇間（五〇〇メートル強）あったといいますから、この上下にあった渡しよりも長い距離を漕がなければならないポイントでした。それにもかかわらず、枚方のくらわんか舟が、右岸側にもきていたことがわかります。「大塚」の絵の左端、煙たてる舟がそれ。右下の三十石船に近づこうとしているようです。しかし、すでに「先客」あり、三十石船のわきには別のくらわんか舟が船客を相手にしています。

「ちょっと、待ってや」「待ってぇな」、絵の中央、堤を駆ける男がふたり。大塚の渡しから対岸の枚方へ向かう旅人のようです。すでに岸から離れようとしていた渡し舟の船頭、「しゃあないなあ、もういっぺん戻ってよろしいか」と、先に乗りこんでいる客に確認しつつ、岸に戻ります。

また、前島について、本文は次のように記しています。

此所、川辺に茶店《さてん》ありて、酒飯とも自由《じゆう》なり。勝手につき此ところより上《あが》る客あり、又乗《のる》客《きゃく》あり。上下《のぼりくだ》りともに同じ。上牧《かみまき》より此所の乗場まで水上およそ三十六丁半余といふ。この所より大坂まで、陸路《りくぢ》行程六里なり。

枚方より大塚方面を望む（昭和初年・田中誓子氏蔵『目で見る枚方・交野の100年』より）

江戸時代、前島の川沿いには茶店が軒を連ね、街道や川を往来する旅人の舌を楽しませていたようです。絵の中央にみえる大燈籠《とうろう》は、生土神の春日社のもの。

前島の船着きに、客を下ろす三十石船が描かれています。このあたりは水主《かこ》たちが陸から船曳きをするため、燈籠の右側あたりでひと息ついているすがたがみえます。手前にみえる中州は蘆《あし》原になっており、蘆刈の舟も描かれています。なお、両絵の賛は、次の和歌と狂歌です。

伏見より淀の河瀬をすむ月に
のりて下るが面白きかな
景樹

船つけて小便をした女連れ　さ
ても楽になつた前しま
赤襟姫成

◆鵜殿《うどの》

◆上牧《かみまき》本澄寺《ほんちょうじ》

阪急電車：上牧駅

鵜殿

「鵜殿」の絵は、淀川右岸側、葭島《よしじま》として知られた鵜殿のあたりを描いています。ここは紀貫之の『土佐日記』にも登場し、古来より、淀川のランドマークとして知られていました。絵の賛、鬼拉亭力丸の狂歌と与謝蕪村の発句は次のとおり。

すれあへばおのづと律の音をいだす
これや鵜どのゝ芦分小舟

鶯の　啼くやうどのゝ　河柳

力丸の狂歌にもあるように、鵜殿といえば、やはり蘆。この蘆について、本

2　淀川ゾーン

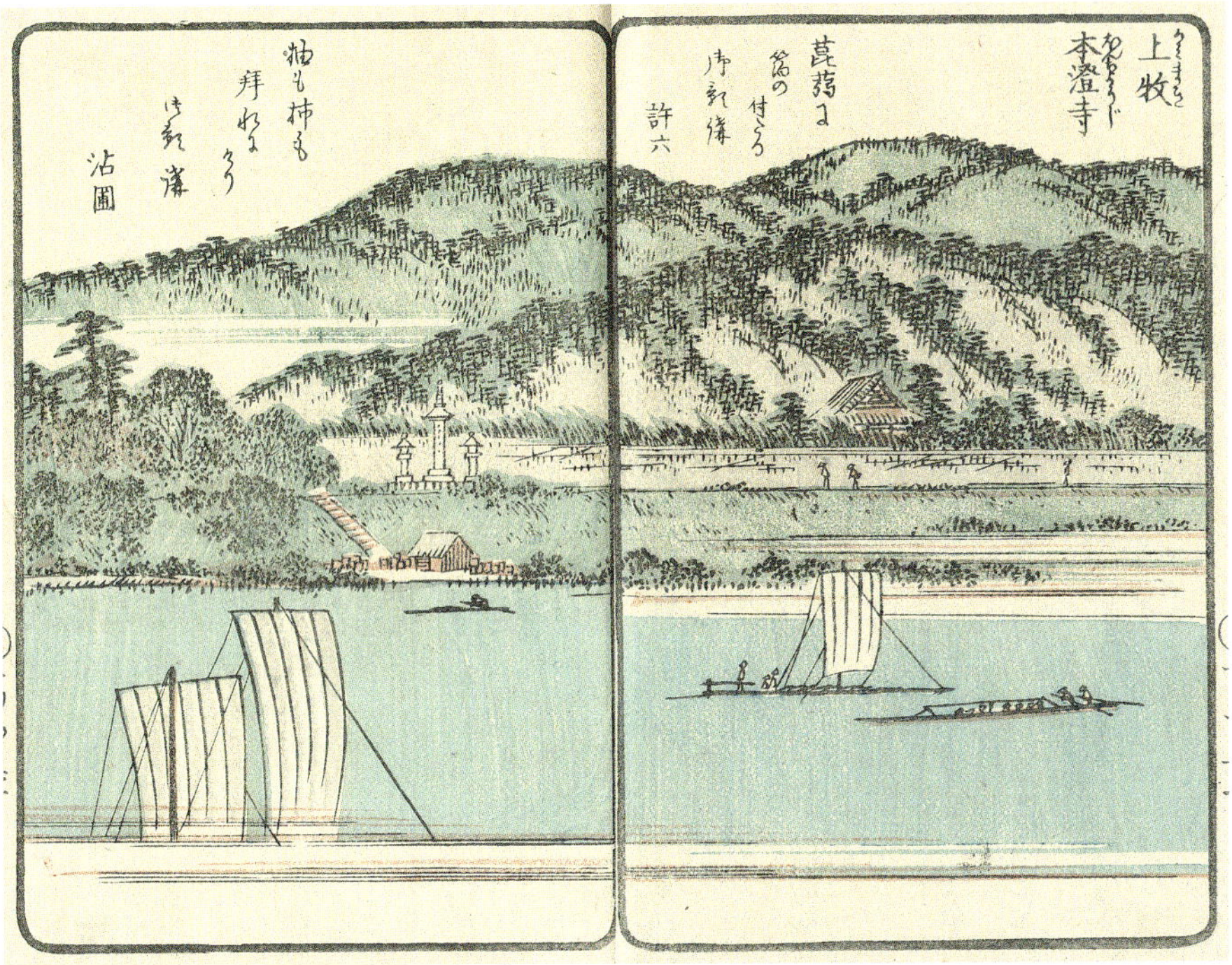

上牧 本澄寺

行き交う舟や旅人はゴルフを楽しむ人びとに、石塔は高圧線をつなぐ鉄塔にかわった。

現在の鵜殿。高圧線が四方八方へと走り、昔の風情は何処へ。

『摂津名所図会』巻五「金竜寺 松茸狩」

文は次のように記しています。

鵜殿村の堤に生出る蘆《あし》なり。篳篥《ひちりき》の義觜《こしき》に可なりとて、いにしへより世に名高く、貢《みつぎ》にたてまつる也。

鵜殿は、近隣に朝廷直轄の御牧《みまき》があり、また、中世には水無瀬《みなせ》離宮もあった土地です。ゆえに、ここの蘆は、篳篥の素材に適していると、その名が知られていました。つまり、先述の力丸の狂歌に「律」とあるのは、篳篥の音をさしていたのです。

「上牧 本澄寺」の絵は、鵜殿の北東、上牧のあたりを描いています。上牧とは「上の御牧」で、「中の御牧」の柱本（三箇牧とも）、これに鳥飼の御牧をあわせ、摂津三牧と呼ばれていたといいます。絵の右中央にみえる伽藍は、日蓮宗本澄寺です。本文の解説は、本澄寺について次のように記しています。

日蓮宗、洛陽本満寺に属す。（中略）当寺本堂に安置する所は、高祖《かうそ》四十二歳御自作《ごじさく》の木像にして、世に厄除《やくよけ》の高祖と称し、宗門の男女帰依《きえ》して、例歳三月十二日は京師《みやこ》より群参夥《おびただ》し。上鳥羽法花浜《ほっけはま》より乗船し、船中

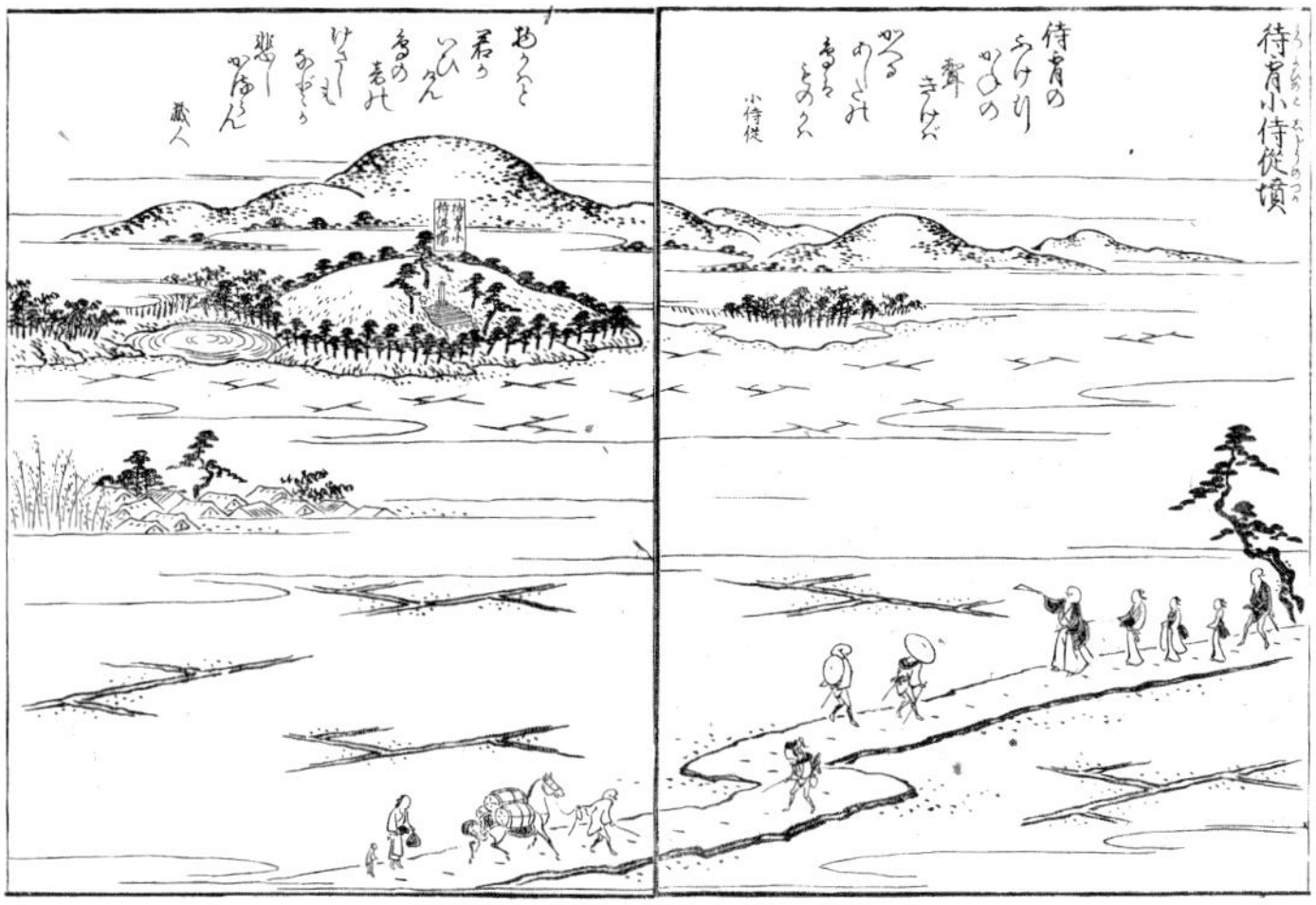

同右「待宵小侍従墳」

にて題目を唱へ、太鼓を打ならし、淀の大河も狭しと漕下《こぎくだ》せり。又、九月十二日は浪花《なには》よりも同じく、前夜より乗合《のりあひ》の船に異体同心《いていどうしん》の男女押合《をしあひ》て、各《おのおの》祖像の開扉《かいひ》を争ひ拝す。平日は容《たや》易《す》開く事を許さず。扨《さて》又、当村は悉《ことごと》く経《きやう》宗《しう》にして、右、春秋《はるあき》両度の法会には農業を休み寺へ打こぞり、詣人を饗《もてな》す事、宛《あたか》も生土《うぶすな》神の祭礼の如し。

文明三（一四七一）年に創建されたと伝わる法華山本澄寺。江戸時代初めに東福門院が祈願されて以降、多くの篤信者が参拝したといいます。とくに「厄除の高祖」として知られ、春には京から、秋には大坂から、善男善女が当寺を訪れました。そのため、檀家の農民たちは、農作業よりも法要が優先と、参拝者たちを接待したのです。絵の賛は、次の二作です。

蒟蒻に　箔の付きたる　御影講　許六

袖も柿も　拝れにけり　御影講　沾圃

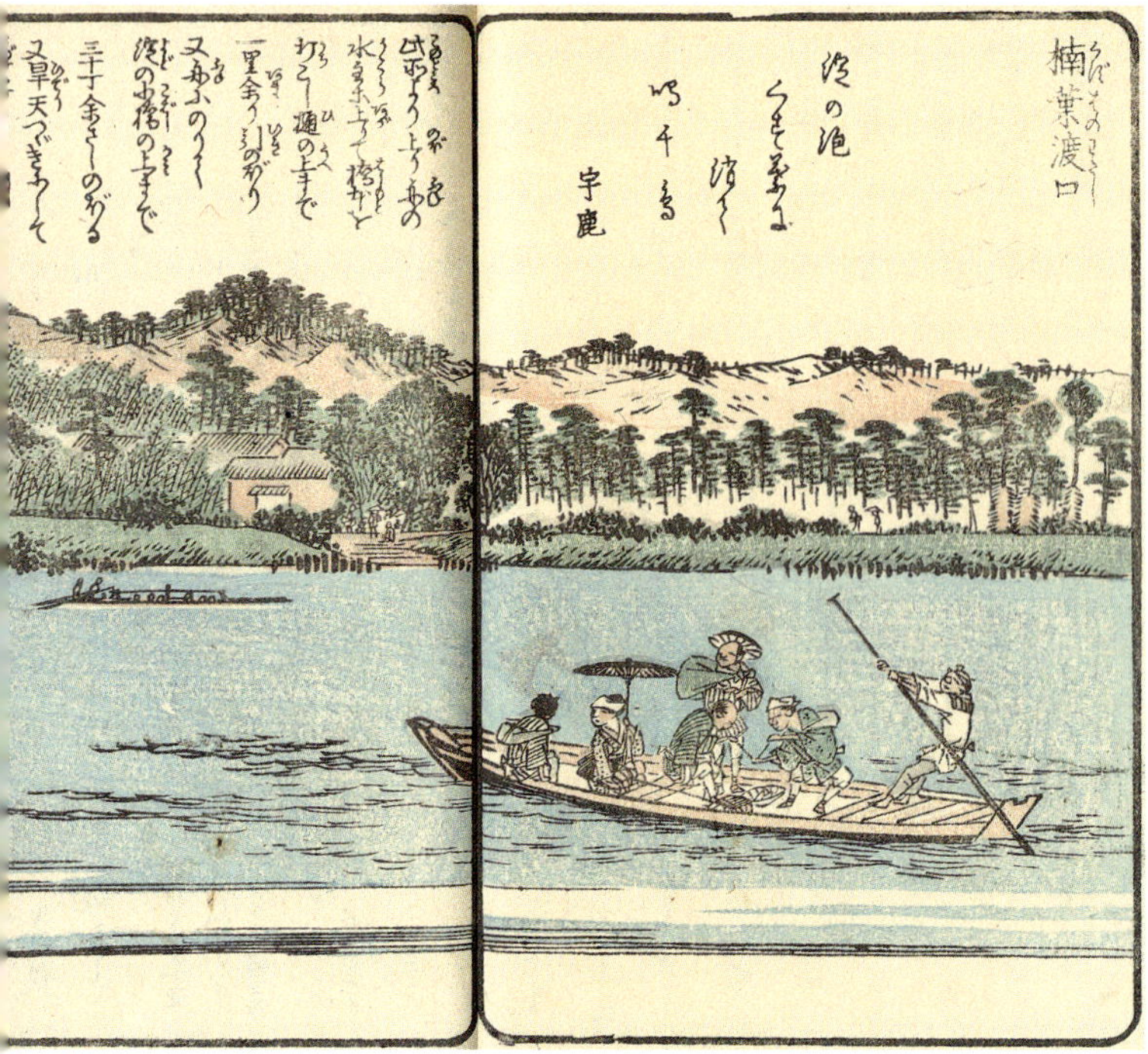

楠葉渡口

◆楠葉渡口《くずはのわたし》 ◆橋本《はしもと》

京阪電車：樟葉駅
京阪電車：橋本駅

「楠葉渡口」の絵は、淀川左岸、楠葉のあたりを描いています。絵の上部の解説は次のとおりです。

此所《このところ》より上《のぼ》り舟《ふね》の水主《かこ》等上《あが》りて、橋本《はしもと》を打《うち》こし、樋《ひ》の上《うへ》まで一里余り引のぼり、又舟《ふね》にのりて淀《よど》の小橋《こばし》の上《かみ》まで三十丁余さしのぼる。又旱天《ひでり》つゞきにして、水少きときは西の岸《きし》をことわりて引《ひく》事もある也。

淀川を往来する三十石船は、京に上る際、水主たちが堤に移って船曳きする箇所がいくつかあります。豊かな流れ

2　淀川ゾーン

←114頁へつづく

橋本

小さな山ではあるが、頂上までもが住宅地に開発されていることに驚く。

高浜から対岸の樟葉駅方面を望む。現在、淀川両岸がゴルフの練習場として活用されている。

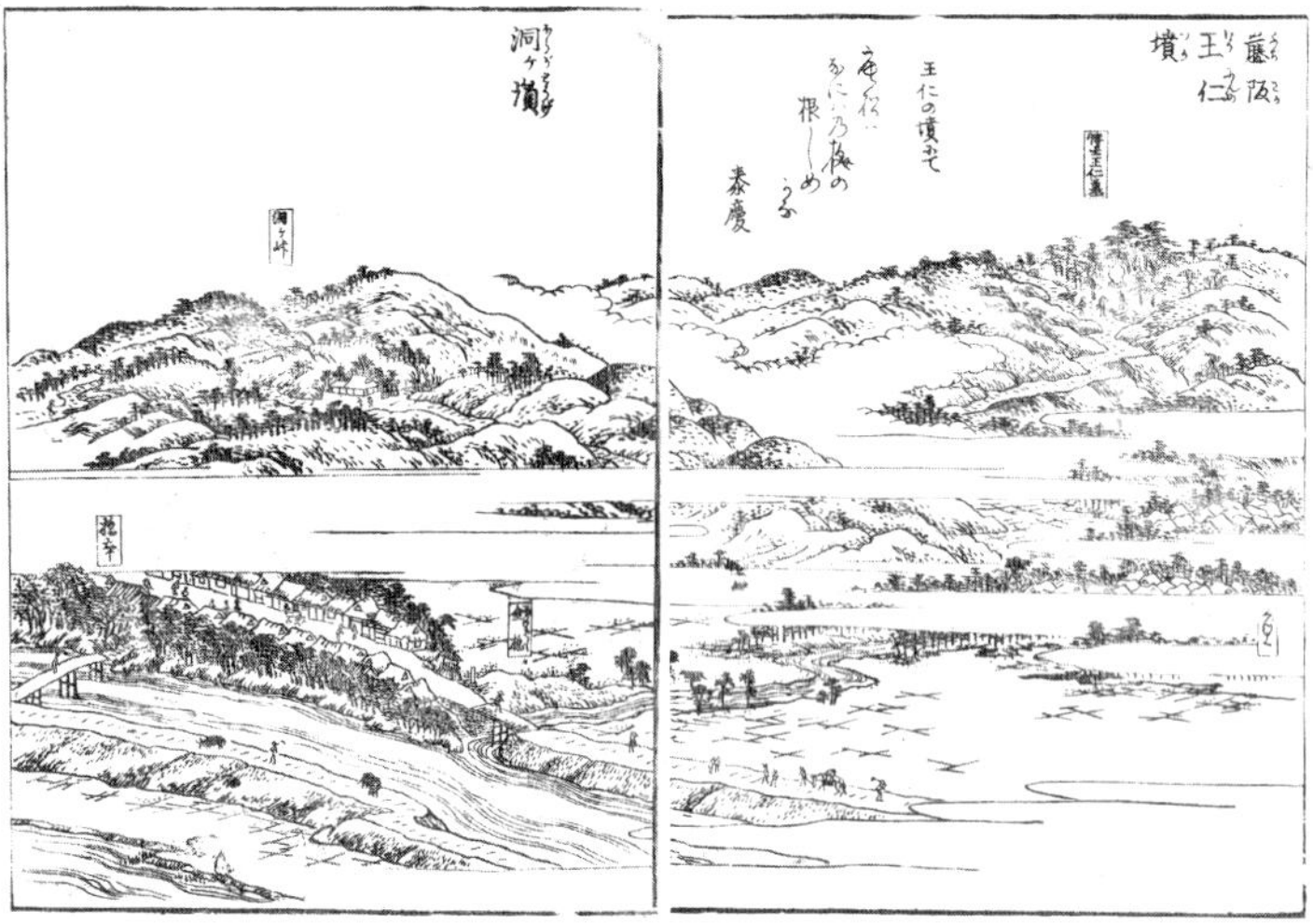

『河内名所図会』巻六「藤阪 王仁墳 洞ヶ峠」

をさかのぼるのは、それだけ力を費やさねばならないということなのです。ここ楠葉も、そのポイントのひとつ。橋本のはずれまで北東に進み、その後、淀小橋まで櫓《ろ》を漕ぎ伏見の港をめざします。絵の左の三十石船は、すでに岸を離れ、淀に向かっているところです。左上の賛は、蕉門の俳人、西田宇鹿の句。

淀の泡　くず葉に
消て　鳴千鳥

絵の右手前にみえるのは、渡し舟。楠葉と淀川右岸の高浜とをつなぎ、楠葉の渡し、高浜の渡しなどとよばれていました。舟には船頭がひとり、傘をさした女性とお供の丁稚《でっち》、大きな荷を背負った男性、向かい合わせて腰かける男性がふたり。腰かけたふたりは、煙管に火をつけているようす。「向こう岸まで間があるさかい、一服いきましょか」。「橋本」の絵は、男山に月光のさす夜の風景を描いています。賛の二作も、男山と月の取り合わせになっています。

をとこ山峯さし登る月影に　あ
らはれ渡るよどの川ぶね
景樹

新月や　いつをむかしの　男山
其角

香川景樹の和歌は絵と同じく満月の状景と推察されます。一方の宝井其角の発句は、新月の闇につつまれたようすを吟じたもの。絵の右端、中央あたりに描かれた酒楼に人影がみえます。おそらくは、月光に照らされた水無瀬から大山崎あたりにかけての風情を楽しみつつ、盃《さかずき》をかたむけるという趣向。そこを水主たちの曳く三十石船が過ぎるさまは、景樹が詠んだ風景とイメージが重なります。

橋本について、本文の解説には次のように記されています。

大坂街道の駅にして、人家の地十一丁あり。茶店《さてん》、旅舎《はたご》多く、いたつて繁花なり。八幡へ参詣の人、この所より上りてよし。

石清水八幡宮をめざす篤信者で賑わっていたことがわかります。江戸時代の橋本には、名物の小豆餅を売る店があったといいます。現在では、大津の走井から伝わった走井餅が、この界隈の名物として知られています。

島本町・百山から橋本、樟葉を望む
（昭和35年『目で見る茨木・高槻の100年』より）

◆橋本 其二

◆狐渡口《きつねのわたし》

JR東海道本線：山崎駅／阪急京都線：大山崎駅／京阪電車：八幡市駅

其二

111頁より←

「其二」の絵は、男山の北西麓、橋本の東端あたりの風景を描いています。川面には、帆を張り流れをさかのぼる船がみえます。絵の右手には、男山の山裾。山上の石清水八幡宮《いわしみずはちまんぐう》へは、この橋本からも登ることができました。

雄徳山《をとこやま》参詣道

駅中の右の方に石檀、鳥居あり。山路《やまみち》十余町、中程《なかほど》に狩尾《とがのを》の社《やしろ》とて地主《ぢしゅ》の神あり。八幡宮鎮座以前より在といひ伝ふ。

ここにある参詣道は、北西側から山上をめざします。途中にある狩尾社は、

狐渡口

貞観二（八六〇）年に創建されるよりも前から、この地にあったとか。現存する社殿や総門は、近世期になって造られたもので、重要文化財に登録されています。賛は次の狂歌、発句と漢詩です。

桂川河川敷公園から男山を望む。『蘆刈』にも登場する渡しは、近代以降、その風景を一変させている。

御幸橋より男山を望む（明治後期～大正初期の絵はがき）

八はた山梺に通ふ淀ぶねの
さしも仰がぬ人やなからむ
古俳

尻むけて　八幡をたつるや
帰る鴈
尚白

神滸溶々として匹練清む
西山影を写し新晴に媚ぶ
秭帰未だ叫ばざるに春将に
老いんとす
但警詞を誦して古情を為す
のみ
島棕隠

「狐渡口」の絵は、手前、淀川右岸の円明寺から、奥、左岸の八幡《やわた》を眺めた景色を描いています。川面には帆を張る荷船、三十石船、渡し舟がみえます。淀を横断するここの渡しは、「狐の渡し」と呼ばれていました。本文は次のように記しています。

一説に、山崎の橋は桓武帝即位三年に是を造る。中頃より淀の橋をかけてより、此橋絶てなし。今は船渡《ふなわたし》となりて、狐渡《きつねわたし》と云ふ。俗に狐川といふは誤也。往古《いにしへ》の人家を南に移して、今橋本の宿といふ、是なりと云。

そもそもこの渡しの付近には、平安時代の三大橋のひとつ、山崎橋が架かっていたといわれていました。その後、この橋は絶え、淀大橋が宇治橋・瀬田の唐《から》橋《はし》とともに、三大橋となりました。狐の渡しは、その名前の珍しさから、谷崎潤一郎の『蘆刈』の舞台としても登場します。絵の左下のあたりが、「わたし」と「男」とが出会った岸辺なのかもしれません。

絵の賛は、尾張の儒者熊谷茘齋の漢詩と、桜井梅室の発句です。

遙天中絶へて一川浮ぶ
白水青雲日夜流る
風急にして扁帆去鳥を追ふ
何人か千里滄洲に向ふ

踊笠　着てよきつねの　わたし守

菅笠を被った旅人を、踊り笠を着た船頭が船渡しをする。ゆめゆめ化かされぬよう、ご注意を。梅室の句が、いかにも滑稽です。

八幡樋門略竣工（淀川河川事務所提供）

桜井から男山方面を望む
（昭和 35 年・島本町『目で見る茨木・高槻の 100 年』より）

◆大山崎《をほやまざき》 天王山《てんわうざん》 観音寺《くわんをんじ》 宝寺《たからでら》

JR東海道本線：山崎駅／阪急京都線：大山崎駅

絵は淀川右岸の天王山を、対岸の橋本から眺めた風景を描いています。天王山の麓、山崎について、本文は次のように記しています。

茶店《さてん》、旅舎《はたご》多く有て賑わし。此所、参詣所しば〳〵あり。

茶店や旅籠が多くあったのには理由があります。つまり、「参詣所」とあるように、寺社仏閣が点在していたからなのです。

絵の右側、山の中腹にみえる

2　淀川ゾーン

江戸時代は淀川であったが、手前が木津川、その向こうに宇治川、桂川と3つの川が流れている。

鳥居は「大山崎天王社」、いまの自玉手祭来酒解神社《たまでよりまつりきたるさけとけじんじゃ》です。その右下にみえる伽藍《がらん》が「観音寺」、「山崎の聖天さん」の名で親しまれている妙音山観音寺《かんのんじ》です。絵の左にみえる三重の塔が、

「宝寺」、天王山宝積寺《ほうしゃくじ》です。
ほかにも、千利休が住まった妙喜庵、離宮八幡宮など、旅人の心を惹きつける名所にこと欠か

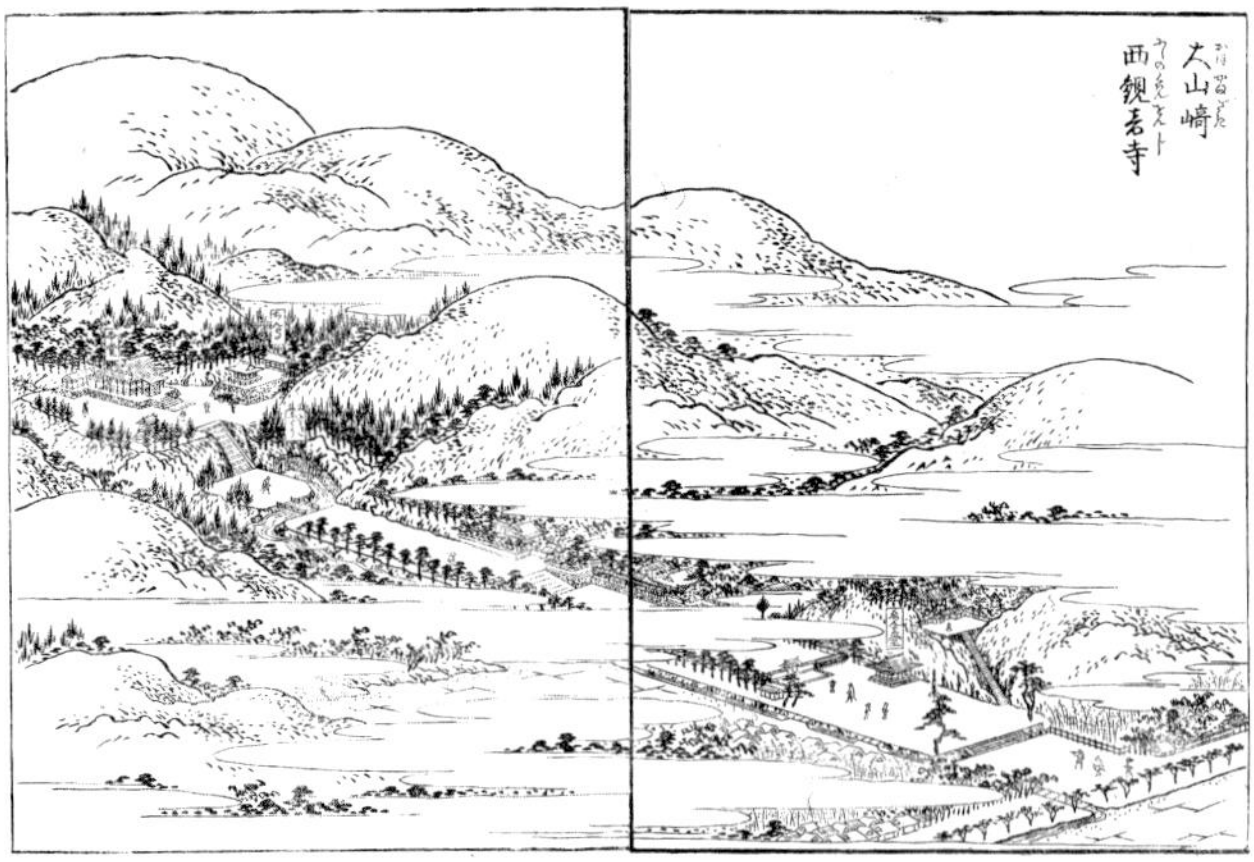

『摂津名所図会』巻五「大山崎 西観音寺」

ない。それが当時の山崎という土地だったのです。
本文の解説には次のようにも記されています。

此大山崎の駅路は京師《けいし》九条東寺の西、四ツ塚より西南につゞき、桂川久世橋《くぜのはし》を渉《わた》り、向町を歴て山崎に向ひ、関戸院《せきとのいん》の旧跡に至る。是関西三十三州の官道にして、文禄年中、豊臣秀吉公朝鮮征伐の時、闢《ひら》く所也。故に唐街道《からかいだう》といふ。

ここにある官道、唐街道とは、西国街道のこと。淀川を利用した京坂の「川の道」は、右岸の西国街道、左岸の東海道（京街道）とともに、発展していったのです。
絵の賛は次の漢詩と発句です。

窈窕たる澳城水湾を臨む
豊公曽て此に瑶顔蓄ふ
閨中に誇て指す天王の色
是我當年賊を破るの山
鎮西　韓中秋

山吹の　庭にも咲や　宝寺
沂山

聞はづす　ばかりに啼くや　ほとゝぎす
醒花

Ⅲ　移りゆく淀川の流れと眺め

三川合流をめぐる景観の変遷

大きく変化する淀川三川合流の地

淀川は、近畿地方でもっとも大きな河川である。この淀川の主な支流には三つの川がある。第一は、北から流れる桂川で、丹波北部の山間地から亀岡盆地、保津峡《ほづきょう》を経て、京都盆地を南に貫流する。第二は、東方の琵琶湖《びわこ》から瀬田川《せたがわ》を通じて長い峡谷を抜けて、宇治から平野部を流れる宇治川である。第三は、上野盆地から南山城を抜けて南東から流れる木津川である。現在、これらの河川は、大阪府三島郡島本町と京都府八幡《やわた》市の間で合流している。男山の展望台に登ると、三本の大河が出会う風景が眼下に広がりとても神聖な心地となる。

昔は、三川合流の地は、現在とは異なり淀付近であった。中世以前の古図をみると、宇治から淀にかけて大きな池が描かれており、北からは桂川《かつらがわ》が南からは木津川《きづがわ》が合流し、三川が集っていた。その後、豊臣秀吉の治水により、伏見城の築城にあわせて宇治川が巨椋池《おぐらいけ》と分離され大きく北へ付け替えられた。その後、一八九六（明治二九）年から開始された淀川改良工事により宇治川が付け替えられ、三川合流の地はほぼ現在の姿となった。

三川合流部の流れ。上から木津川、宇治川、桂川（2001年、八幡市提供）

三川合流の地は、長岡京や平安京などの都の近傍でもあり、豊かな水辺と風光明媚な周囲の風景により、古くから天皇や貴族たちを魅了し数々の別業が営まれてきた。この章では、山崎（京都府乙訓郡大山崎町）や水無瀬《みなせ》（大阪府三島郡島本町）、八幡（京都府八幡市）など、三川合流の地の歴史的な変遷をたどる。様々な時代の景観の変化には、その底流に共通した遺伝子のようなものが長年引き継がれているように思える。代表的な文学や人物を通じた歴史探訪の旅により、その一端を浮き彫りにすることを試みたい。三十石船《さんじっこくぶね》に乗って淀川の両岸の景色を見ながらゆったりと川を下るような気持ちで、しばらくお付き合いをお願いしたい。

貴族たちを魅了した別業の地

山崎や水無瀬の地は、奈良時代に孝徳天皇により造営された山崎の宮をはじめとして、平安時代の嵯峨天皇による河陽《かや》離宮や後鳥羽院の水無瀬離宮、対岸には文徳天皇の皇子・惟喬《これたか》親王の渚院など数々の離宮が営まれていた。多くの別業《べつぎょう》は、貴族たちが平安京の住まいとは別に、自然との触れ合いを楽しむ場所として造営された別荘である。

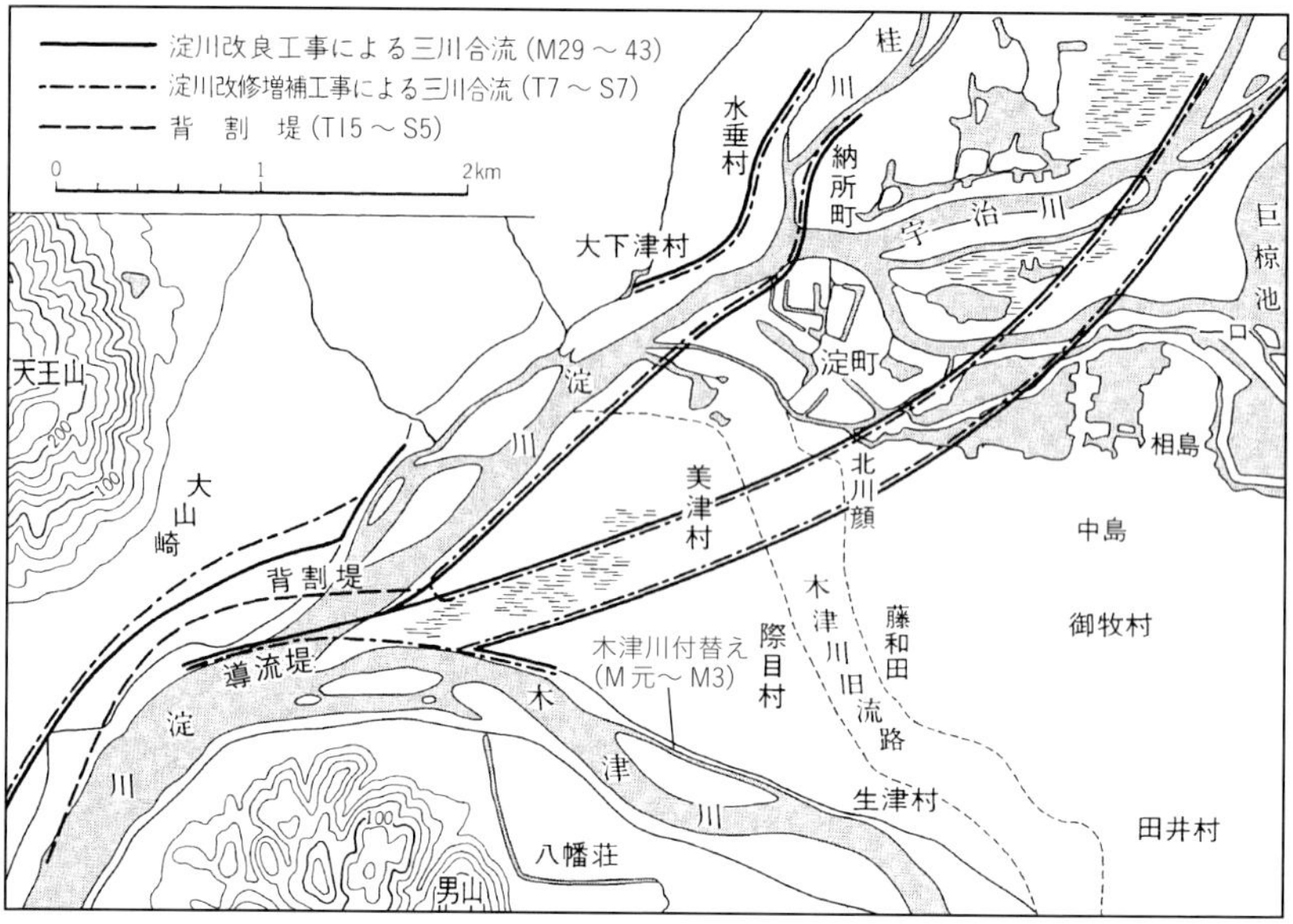

これらの別業の置かれた場所をみてみると、多くは山々や谷などの自然地形によって囲まれるという共通した特徴をそなえるとともに、水辺や野の広がりを感じられる眺望のよい所が選ばれている。実際、山崎や水無瀬の地も、天王山や水無瀬山などの山並みに囲まれ、前面には淀川の豊かな流れを望むことができ、鹿や猪などを目当てとした狩猟のほか、歌人たちを集めての歌合せが催されていた。これらの地は、漢詩だけでなく和歌でも名高く、水無瀬川、水無瀬滝、山崎《やまざき》津《つ》などは歌枕として定着していたという。

嵯峨天皇により造営された河陽離宮では、近傍の美しい風物がさかんに詩に詠まれている。河陽というのは、もともとは中国は黄河の北の地方（現・河南省孟県付近）の名である。桃の花で溢れた町であったといい、唐風文化を好んだ嵯峨天皇は自らの離宮にも唐にちなんだ名前をつけたようである。

弘仁九（八一八）年に出された勅撰漢詩集の『文華秀麗集《ぶんかしゅうれいしゅう》』に収められた「河陽十詠」のなかに「江上船」と題する一首がある。

一道の長江 千里に通い
漫々たる流水 行船をただよわす
風帆遠く没す虚無の裡《うち》
疑うらくは是れ仙査《せんさ》の天に上らんと欲するかと

この漢詩は、天皇が淀川で舟遊びをした際に詠まれたものである。淀川を大河揚子江《ようすこう》にたとえて、航行する船のありさまを仙人の乗った筏《いかだ》が天に上る様子になぞらえて詠んでいる。当時はかなり大きな帆船も通っていたようで、舟運で賑わう千二百年前の淀川の情景が活き活きと蘇るようである。

水無瀬の別業は、惟喬親王や在原業平らにより離宮が営まれたのが始まりのようである。その後、後鳥羽院の壮麗な水無瀬離宮が造られたのは、正治二（一二〇〇）年頃のことである。歴史物語の『増鏡《ますかがみ》』にこの離宮の様子が記されている。

猶また水無瀬といふ所に、えもいはずおもしろき院づくりして、しばしば通ひおはしましつつ、春秋の花紅葉につけても、御心ゆく限り世を響かして、遊びをのみぞし給ふ。所がらも、はるばると川にのぞめる眺望、いとおもしろくなむ。

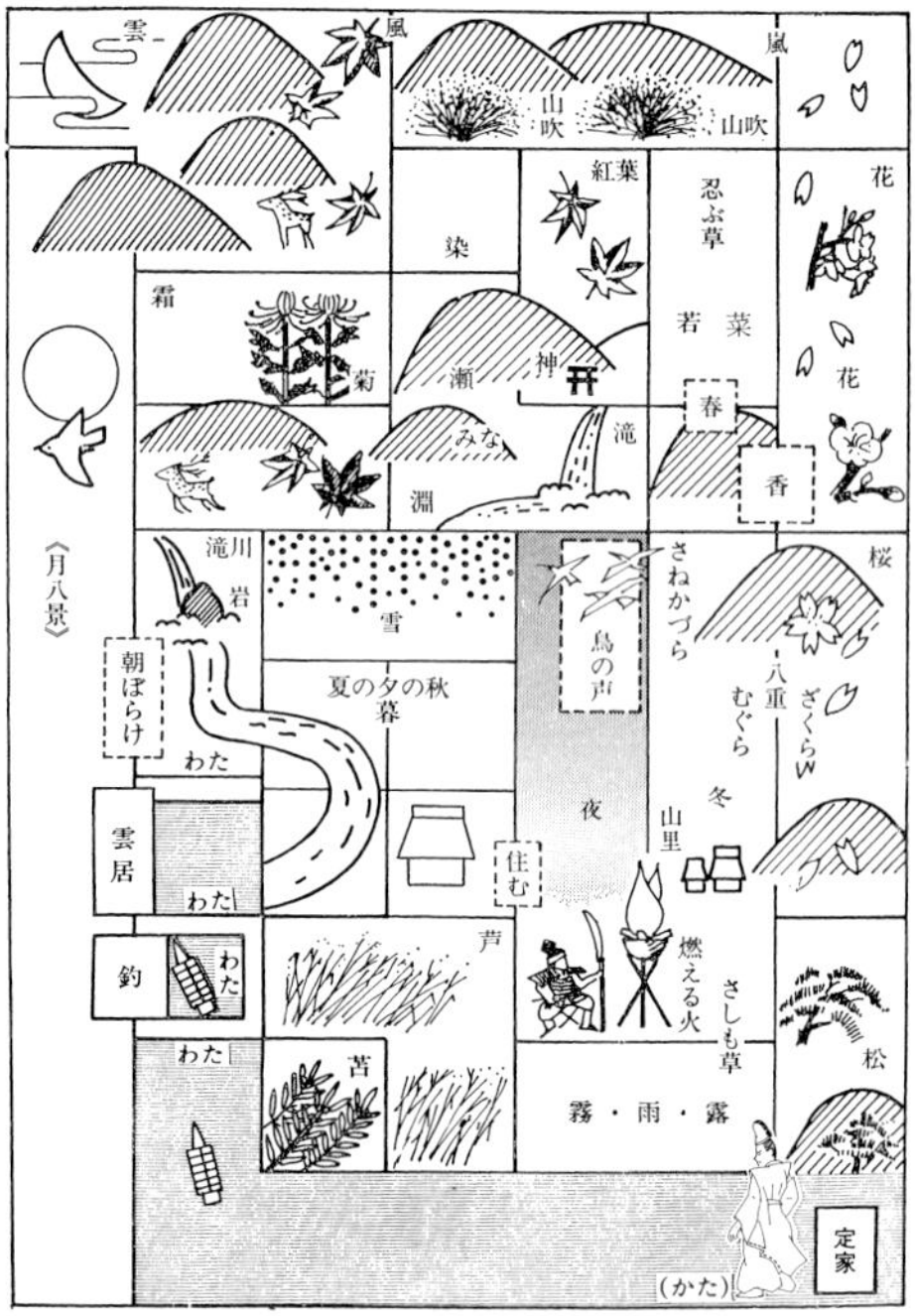

「歌織物」（林直道著『百人一首の秘密』より）

この離宮からは淀川が望め、水無瀬川に臨んだ萱葺《かやぶ》きの釣殿《つりどの》や渡殿《わたどの》などの建物があり、鳥羽の離宮などから淀川を下りそのまま船をつけることができたようである。

水無瀬の地は、『新古今和歌集』を編纂した後鳥羽院や藤原定家にちなんで、「新古今の故郷」とも呼ばれている。小倉百人一首を研究する林直道氏によると、百人一首は、定家の深い思いが込められた一種のジグソーパズルであるという。百首の歌を縦に十首、横に十首を歌に詠まれた共通の言葉によって並べると百首全部がみごとに一枚に織り上げられる「歌織物」であったとし、紅葉や滝などそこに浮び上がる山紫水明の絵は、新古今の故郷・水無瀬の風景と合致する、という驚くような説を提示している。藤原定家が百人一首を選集した頃は、承久の変が挫折し、後鳥羽院は隠岐に流され水無瀬離宮は荒廃しはじめていた。定家は引き立ててもらった恩人である後鳥羽院を、密かに心に思って百人一首を選定したのだろうか。

この水無瀬の地は風光明媚な所で、春は桜、秋は紅葉が美しく、また川向こうの交野《かたの》とともに絶好の狩猟地であった。

見渡せば山もとかすむ水無瀬川
夕は秋となに思ひけん

後鳥羽院により詠まれた水無瀬川は、淀川に注ぐ小さな川であり、清少納言の『枕草子』にも登場する。本来はその名のとおり「水の無い瀬」を意味する普通名詞で、植物などで流れの見えない川や川底だけ見えて水が地下を伏流している川を指していたが、平安期になってからは歌枕として固有名詞になったようである。江戸中期の「山城国水系図」には、水無川と表記されている。この川の周辺には、所々に泉が湧いていたといい、離宮の跡地に建てられている水無瀬神宮の境内には、名水百選に選ばれた離宮の水が今もこんこんと湧き出ている。

紀貫之の見た風景

十一日。雨いささかにふりてやみぬ。かくてさし上るに、東の方に山の横ほれるを見て人に問えば、「八幡の宮」といふ。これを聞きてよろこびて、人々をがみたてまつる。山崎の橋見ゆ。うれしきことかぎりなし。ここに、相応寺のほとりに、柳おほくあり。ある人、この柳の影の、川の底に映れるを見てよめる歌、

さざれ波よする文をば青柳の影の絲して織るかとぞ見る

平安時代の山崎の模型（大山崎町歴史資料館提供）

これは、『土佐日記』に記された山崎の情景である。作者の紀貫之は、醍醐天皇の延長八（九三〇）年に土佐の国司となり、朱雀天皇の承平四（九三四）年に任を終え、その年の一二月二一日に土佐の国府を出発している。『土佐日記』は、京につくまでの約二カ月間の船旅を記したもので、土佐から淀川河口に至り、淀川河口から山崎までは五日間かかっている。山崎では、五日間を船上で過ごし承平五年二月一六日の夜に京都の自邸に到着している。

『土佐日記』に描かれた山崎の繁栄は、延暦三（七八四）年の長岡京の造営が大きく影響している。長岡京の特徴は、水陸の交通の便にある。この地は、丹波へ向かう丹波道と摂津《せっつ》（大阪）を経て西国へ向かう西国街道の起点にあたる。新都の南の玄関口となった山崎津には、都造営のための多くの物資が運びこまれる港としての機能が与えられ、その役割は平安京の時代にも引き継がれ、淀川水運の重要な港として大きな役割を果たしていた。奈良時代から平安時代にかけて、山崎付近には、重要な施設が次々と建てられている。行基が建立した山崎院、嵯峨天皇の河陽離宮、後鳥羽院の水無瀬離宮、また山城国の国府が置かれ人家が密集し栄えていた。

大山崎町歴史資料館に、平安時代の山崎を正確に復元した模型がある。淀川に架けられた山崎橋から伸びる道沿いには、『土佐日記』に描かれた相応寺の大きな境内が見られ、突き当たったところに嵯峨天皇の河陽離宮と山城国府が並んで位置している。橋の上流には、貫之の船が五日間停泊した山崎津があり多くの船や川の上にはいくつかの倉庫が突き出ている。相応寺は、貞観八（八六六）年に開基され、平安末期まではその面影を残していたと伝えられているが、幕末頃には廃絶したという。

『土佐日記』に登場する東の山に横たわる「八幡の宮」は、八幡市の名の由来となった石清水八幡宮《いわしみずはちまんぐう》である。淀川を挟んで対岸の山崎にもうひとつの八幡宮がある。嵯峨天皇の河陽離宮の跡地に建てられた、我が国の製油発祥の地として知られる離宮八幡宮である。これらの二つの八幡宮は古くから深く関係しているという。不思議なことに離宮八幡宮の境内にも、石清水と呼ばれる井戸があり、石清水と刻まれた石灯籠《いしどうろう》が建っている。

山崎架橋図（和泉市久保惣記念館蔵）

紀貫之が「うれしきことかぎりなし」と喜んだ山崎橋（河陽橋とも呼ばれた）は、瀬田《せた》（滋賀県大津市）の唐橋《からはし》、宇治橋と並んで日本三古橋に数えられる有名な橋で、神亀二（七二五）年に行基により架けられている。平安時代の「行基年譜」によれば、行基は師の道昭が渡した橋が朽ちはてた柱だけになっているのを見て再建したという。山崎橋の架橋の様子を描いた鎌倉時代の絵図が残されている。この図は、天安二（八五八）年に山崎の宝積寺《ほうしゃくじ》の本尊十一面観音が老翁の姿で現れ架橋されたという縁起文をもとに描かれたものであるという。宝積寺の前身は、行基が山崎橋を管理する橋寺として開創した山崎院であるとも伝えられている。図の上流側には橋脚だけ残された壊れた橋の姿も描かれており、山崎橋が洪水によりたびたび流されていたことがうかがえる。明確な資料は残っていないが、山崎橋の長さは三〇〇メートルを越え、幅員は七メートルの長大橋であったと推定されている。

山崎橋を見て喜んだ紀貫之の心境は、京の地を長年離れて勤務しようやく京に帰ってきたという象徴を橋に見たからであろうか。日本文学研究者の久保田孝夫氏は、貫之が土佐に向けて都を出たのが、延長八（九三〇）年四月、五月頃であったが、その前年に山崎橋の六間が倒壊しており、延長九年に橋の用材についての記事があることから、彼が土佐へ向かって山崎津を通過した時には山崎橋は完全に復興していなかった可能性があるという。赴任中に改修工事がされ、帰路に初めて修築された大橋を見たためなおさら感慨が深かったのではないかと説明している（『淀川の文化と文学』）。その後、山崎橋は、洪水により度々流され国家による管理が難しくなり一一世紀にはその姿を消してしまった。豊臣秀吉により一時復活されたが、その後、渡船に役割を移している。

引き継がれる淀川の原風景

大山崎山荘からの眺め

時代は大きく異なるが、大正時代にも山崎の地に魅了され別荘を求めた人物がいた。実業家であり二ッカウヰスキーの創設者、加賀正太郎その人である。彼は若き日欧州に遊学するが、英国のウインザー城を訪れた際に、城から眺めたテムズ川の流れの情景に憧れ、山荘を建てる際にその風景に似ている土地を日本各地に探し求めたという。その結果、一九一一年に木津、宇治、桂の三川が合流する天王山の中腹に理想の地を探し当てたという。

大山崎山荘は、大正から昭和初期にかけて加賀正太郎が、自らの山荘として設計し建てたものである。山荘の工事中には、かの文豪、夏目漱石も山荘を訪れ、隣接する宝積寺を眺めながら「宝寺の隣に住んで桜哉」の句を残している。現在は、モネの代表作である「睡蓮」で有名な大山崎山荘美術館として新たな役割を与えられ多くの人で賑《にぎ》わっている。二階のテラスから眺めると手前から順に桂川、宇治川、木津川の三川が並行して流れる壮大な風景が眼下に広がる。テラスには、加賀の親友である中村清太郎氏により描かれた「大山崎山荘山河眺望之図」が設置されている。眺望之図の名のとおり、上流の伏見あたりから下流の水無瀬までの広い範囲の風景が、当時のままに色鮮やかにパノラマ風に表現されており、眼前の風景と比較ができる。絵画の中には、淀川を航行する帆船の様子や山崎の渡しも描きこまれている。

大山崎山荘が建てられた場所は、天王山の山麓に位置し豊かな樹々に囲まれており、淀川三川合流の雄大な風景が眺望できる地が選ばれている。平安期とは大きく時代は異なるが、当時の別業が営まれた場所の特徴と共通する要素があるように思える。加賀が理想の地を探し求めた時代には、淀川の堤防はすでに高くなり水面の高さも低くなっていたことから、もはや水際では淀川が眺望できず結果的に中腹になったのであろうか。

淀川の原風景〜蘆刈〜

大山崎山荘が建てられた時期と同じころ、淀川三川合流の地を舞台としたひとつの小説が生まれている。小説には、昭和初期の山崎、水無瀬や淀川の風情が詳しく描写されている。

君なくてあしかりけりと思ふにも
いとど難波の浦は住み憂き

谷崎潤一郎の小説『蘆刈』の始まりの一文である。この歌は、平安時代の歌物語である『大和物語』に収められた芦刈《あしかり》の話に詠まれたものである。その話は、津の国の難波に住む貧しい夫婦が離縁し、妻は都へ行って高貴な人の妻となり不自由のない暮らしをする。その後別れた夫が気になり、捜しに出向くと、落ちぶれた姿で芦を売る男に再会するというものである。冒頭の歌は、再会した時に男が詠んだものである。これに対して、妻は返歌を詠む。

あしからじよからんとてぞ別れにし
なにか難波の浦は住み憂き

芦刈といえば、祇園祭の山鉾《やまぼこ》の「芦刈山」を思いおこす。芦刈山の御神体人形は、右手に鎌を持ち左手に刈った芦の束を持つ姿の老翁である。この山は、『大和物語』をもとに作られた謡曲「芦刈」をモチーフとしている。『大和物語』をはじめ、芦刈説話を扱った『今昔物語集』や『源平盛衰記』などの古典のいずれもが悲しい結末であるが、謡曲「芦刈」だけは夫婦仲を賛美するハッピーエンドとなっている。

『大和物語』は淀川の河口付近が舞台となっているが、かつての淀川に高い堤防はなく、水際には広い芦原が広がっていたようである。現在の淀川で芦刈といえば鵜殿《うどの》（大阪府高槻市）のヨシ（＝芦）原が有名で、毎年二月の上旬には刈り取られたヨシ原に火をつける鵜殿のヨシ原焼きとして淀川の風物詩となっている。芦刈説話は、古くから芦の名所として知られた難波潟《なにはがた》や鵜殿に親しんできた淀川沿いでこそ生まれることのできた淀川の原風景を象徴する物語である。最近、宇治川の伏見あたりのヨシ原を保全するために伝統行事としてヨシ原焼きを復活しようという動きが始まった。新たな芦刈の物語が生まれるかもしれない。

『蘆刈』の作者は十五夜の日、夕刻から山崎の街道を通り、後鳥羽院の水無瀬宮跡を訪ねていき、黄昏《たそがれ》が迫る水無瀬川の堤の上にたたずみ、宮廷雅人たちの昔に思いをはせる。

川上の方の山のすがた、水のながめは、七百年の月日のあいだに幾分かちがって来たであろうがそれでも院の御うたを排してひそかに胸にえがいたものといま眼前にみる風光とはおおよそ似たりよったりであった。

ここでいう「院の御うた」は、『新古今和歌集』に詠まれた水無瀬川のあの歌である。その後、作者

淀川の渡し船（昭和10年頃『目で見る高槻・茨木の100年』より）

は水無瀬川から街道をもどり、山崎から渡しの船に乗り淀川の中州に渡り、冴えわたる月の下で対岸の男山や橋本を眺め懐古にひたる。そして、この芦の茂る中州に来ていた見知らぬ男と出会い歓談し、男の話は大家の別荘に住むお遊さんと父の、五十年前の夢幻的な愛の物語に移り、追憶の世界に引き入れられる。

『蘆刈』の舞台となった淀川の中州は、桂川と宇治川の間の背割堤《せわりてい》の先端付近のようである。小説が書かれた昭和初期は、一九一八（大正七）年から始まった改修工事がほぼ完成した頃で、工事により下流に延長された背割堤と記述の内容が合致していて興味深い。この頃の渡し船の写真がある。上部に見えるのが淀川の中州で、昭和初期の山崎の渡しの情景が小説には正確に描かれていることがわかる。

山崎から渡し船に乗り中州を経て対岸に渡ると橋本に至る。橋本の地名は橋のたもとに由来する。この橋は、かつて山崎から橋本にかけて淀川に架けられていた山崎橋のことである。遠い昔に消滅した山崎橋の痕跡が橋本という地名に残されているのは感慨深い。この付近は京街道で多くの人が行き交った。橋本から淀川の堤防に向かうところに、道標が残っている。石に彫られた文字を読むと「山さき あたご わたし場」とある。長年活躍した山崎の渡しは一九六二（昭和三七）年に廃止されている。

小説『蘆刈』では、平安時代の大和物語に描かれた芦刈の風景や水無瀬離宮での貴族たちの優雅な営みが、昭和初期の淀川三川合流の芦原の景色とオーバーラップして深みのある重層的な世界を醸《かも》しだしている。

これまでに、和歌や小説さらに人物のエピソードを通じて、山崎や水無瀬など淀川三川合流の地の風景や景観の変遷を見てきたが、別業や芦原、渡しや舟運など、この土地の共通のキーワードは、中世から近世そして現在まで脈脈と引き継がれているようだ。

ある暑い夏の日に筆者は淀川から見た山崎や水無瀬の風景を体感しようと、三川合流の地から枚方までボートに乗って淀川を下った。約一一キロメートルを約二時間かかった。御幸橋付近の宇治川から出発すると、左右には背割堤の豊かな樹々に囲まれ、少し下ると左側から木津川が合流する。さらに下ると右側から桂川が合流し三川が一つになる。土佐日記では、船から山崎の様子や渚院を眺めたことが書かれているが、今では多くの区間は高い堤防に遮られ高い建物以外は沿川の風景は見られなかった。ここは日本じゃないみたいやねぇと、同乗した人から思わず声がもれる。川から眺める風景は新鮮で、人工の建物がほとんど目に入らず、川下りのひと時は市街地の中にいることさえ忘れさせるほど魅力的な体験であった。

橋本に残された道標

往時、淀川では一千艘以上の船が行き交っていたという。

最近、淀川三川合流の地で、三川が集まるという独自の景観を活かして地域づくりをしようという動きが始まっており、淀川舟運の復活もひとつのテーマとされている。かつての淀川舟運や渡しが新たな役割を担って復活することに期待している。

在原業平邸跡にて

（大滝 裕一）

「川の道」淀川と枚方の宿

紀貫之が淀川を舟で上ったことからもわかるように、中世において淀川は都と諸国をつなぐ重要な「川の道」であった。近世に入ると、豊臣秀吉が川の道に並行して整備した京街道（文禄堤《ぶんろくてい》）沿いに宿場町が発展し、現在の景観の基本ができあがった。この千年の間に、多くの人々が淀川を往来し、その時々の思いを日記や絵画で残している。先人の書き残した資料を読みとくなかで、淀川の景観の変遷をたどってみたい。

中世（室町期）の舟運

淀川の景観を考えるうえで舟運の存在は欠かすことができない。室町中期、平安京の大動脈として物資の輸送を支えてきた淀川には、六一六カ所もの新設の関所があったというから驚きである（『経覚私要鈔』）。当時の関所は、往来するすべての舟を止めて通行料を徴収するのではなく、舟入《ふないり》（港）や船荷の積み下ろしができる港の使用料を徴収するために設けられていた。港の集積度合いは別にして、数だけでみると約一〇〇メートルごとに積み下ろしのための港が点在していたことは、淀川の景観を考えるうえでふまえておくべき事実である。

このように関所が増えたのは、荘園からの年貢の取り立てが困難となった寺院や領主が、その代替として関所を設置したためである。春日社禰宜《ねぎ》だった大宮家に伝わっている文書「春日神木御入洛見聞略記」の宝徳三（一四五一）年の条《くだり》に、興福寺では各地に荘園があるが知行できないため、関の通行料で社寺造営料をまかなっている、とある。このような関所は通行する者にとっては障害でしかなく、都に物資が入りにくい状況をつくるだけであった。そこで、朝廷は関所の統廃合をめざしていたが、南北朝の争乱時代になると南朝・北朝の双方が、荘園領主を引きこむために、関所の権利を認めるようになった。この朝廷が認めた関所を本関といい、淀川沿いには百あまりがあったことが「山科家礼記」の長禄元（一四五七）年の条（石清水八幡宮《いわしみずはちまんぐう》の神人《じにん》は本関の九六カ所を残し、新関三百は廃却すべき）からわかる。

その一方で、室町幕府は関所を自由に通行できる「過所《かしょ》」（通行手形）の権利を与えている。中世において、このような手形をもち淀と兵庫の津《つ》（現神戸市兵庫区）を往来できる船団として、淀の魚市場の商人の「淀十一艘」がある。淀の魚市場は、都への塩や塩合物（塩魚）の販売独占権をもつだけでなく、都へ物資を運び入れる船を強制的に淀へ着岸させる権限もあったといわれている。これらの特権は淀の商人が石清水八幡宮の神人であることに起因しており、石清水八幡宮が中世において淀川の水運に大きな影響力をもっていたことが見えてくる。

このような関所や市場を囲む周辺の景観はどのようなものだったのだろう。淀川の両岸には、今でも、『淀川両岸一覧』（一八六一年）の絵図にも描かれている上牧《かんまき》（本書一〇六頁）をはじめ、楠葉牧《くずはまき》、交野牧《かたのまき》など「牧」の字が使われている地名が多い。牧が使われているのは、この地で農耕と薬用の牛乳を搾るための牛、戦《いくさ》や運搬のための馬を飼っていたためである。葦《あし》が自生する水辺の向こうに牧場や田畑がひろがり、点々と船着き場が存在する。そんなのどかな風景のなかを多くの船が往来していたのであろう。

京街道を整備した文禄堤

室町後期の淀川を知る資料として、弘治二（一五五六）年に倭寇の取り締まりを要請するため明国から派遣された鄭舜功が記した地図「桴海津鏡」がある。彼が滞在期間中に知りえた情報から描いた淀川の左岸には、淀、八幡、守口、小坂（大阪）、右岸には渡、杉田（吹田《すいた》）と記されている。当時、淀川沿いには橋本や楠葉、岡・三矢《みつや》（現在の枚方《ひらかた》）などの村々もあったはずだが、地図には記載されていない。

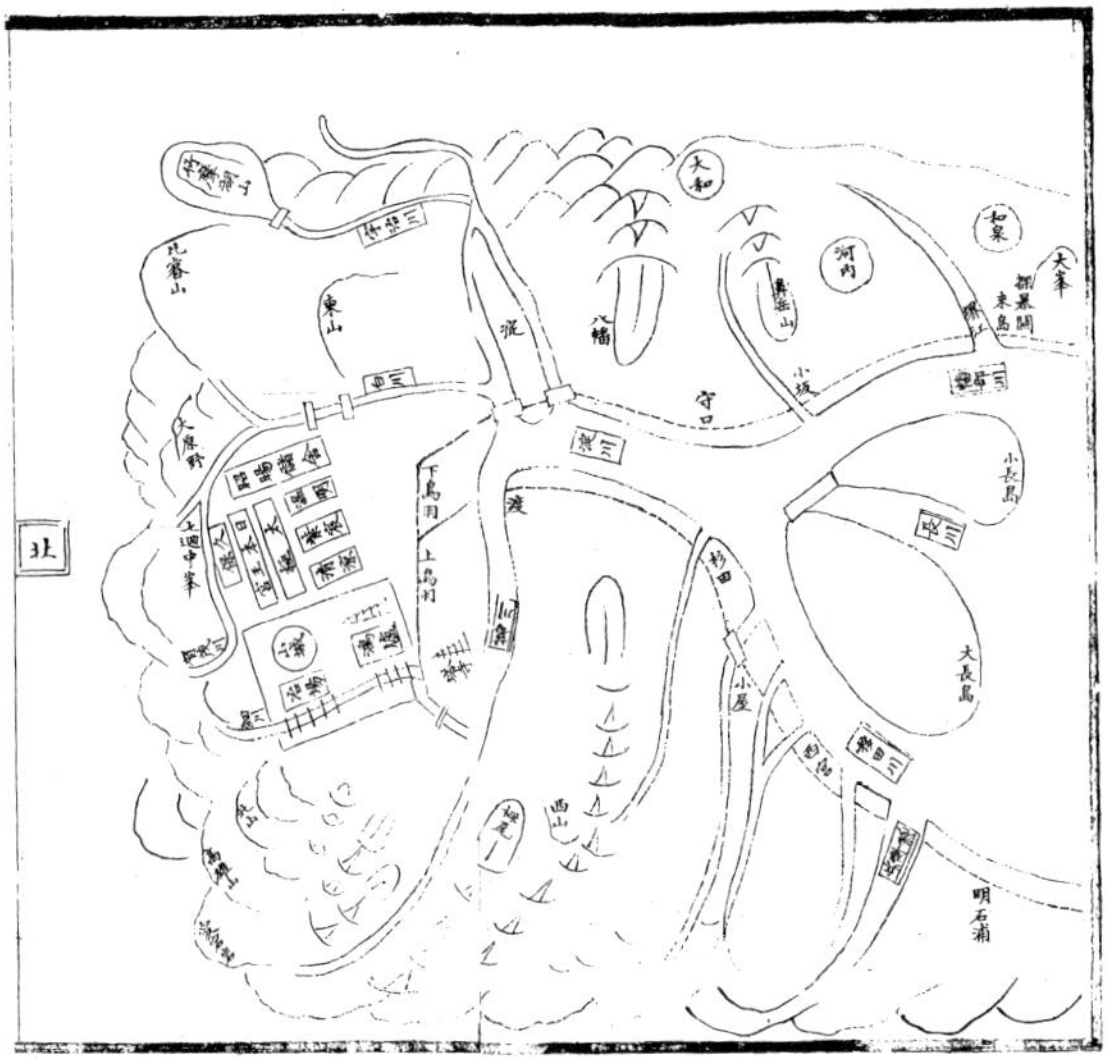

「桴海津鏡」（鄭舜功『日本一鑑』より）

これらの淀川沿岸の町や村を街道でつないだのが豊臣秀吉である。当時、京都から大阪まで淀川左岸を陸路で行くには、八幡《やわた》の洞《ほら》ヶ峠から交野へと進む東高野街道を大阪へ下るか、途中から飯森山《いいもりやま》の西麓を回りこむ河内《かわち》街道のいずれかであった。そこで、淀川沿いに街道をつくり、短時間で都と大阪を陸路

京街道　四宿の比較

宿名		伏見宿	淀宿	枚方宿	守口宿
人口	統計（人）	24,227	2,847	1,549	764
	男	11,996	1,451	630	370
	女	12,281	1,396	919	394
家　数		6,245軒	836軒	378軒	177軒
本陣（脇本陣）		4軒（2軒）	0軒（0軒）	1軒（0軒）	1軒（0軒）
旅籠屋	総計（軒）	39軒	16軒	69軒	27軒
	大・中・小	6・21・12	0・0・16	31・21・17	5・9・13
宿建人馬		百人百疋	百人百疋	百人百疋	百人

道中奉行所編「東海道宿村大概帳」（天保14年）より枚方市教育委員会作成。一部改編

で結ぶことを考えた。その事業を進めるに際して、毛利輝元らの諸大名に命じて淀川左岸に築かせた堤防が、文禄五（一五九六）年に完成した「文禄堤《ぶんろくてい》」である。全長約二七キロの堤の上は当初から交通路として利用された。街道には、不思議なことに二つの呼び名があり、京都から大阪に向かう場合は「京街道」、逆に大阪から京都へ向かう場合は「大坂街道」という。この街道の整備によって、淀川の景観は大きく変わることとなった。ひとつには『淀川両岸一覧』の「楠葉渡口《くずはのわたし》」や「狐渡口《きつねのわたし》」の絵図（本書一一四頁）に見られるように、一定の高さで川面と並行に堤防が走る直線的な景観が生まれたことである。そして、街道を歩く旅人の姿が、風景に彩りを加えた。旅人が多くなると、次は宿駅《しゅくえき》を中心とした町の形成へとつながってくる。街道に設置された宿駅には、貨客や文などの継立《つぎたて》（中継）に必要な人馬を常備するとともに、旅人が宿泊や休息できる施設が整えられた。

片宿として発展した「枚方の宿」

京街道には、伏見、淀、枚方、守口の四つの宿駅が設けられた。このひとつが「桴海津鏡」に記載のなかった枚方の宿であ

る。枚方が宿駅に選ばれたのは、中世に川の関所が置かれた岡や三矢の港があったこととあわせて、秀吉の重臣であった寺沢藤右衛門が天正年間（一五七三～九二年）に枚方に人馬《じんば》継立てを整えたことなどが影響していると推察される。

枚方の宿は、岡新町村、岡村、三矢村、泥町《どろまち》村の四カ村からなり、京街道の両側に発達した、約一・五キロの宿場町である。天保一四（一八四三）年の資料によると、街道沿いには三七八軒の民家が建ち並び、そのうち旅籠《はたご》屋は六九軒もあった。この数は伏見の三九軒や淀の一六軒などと比較して多く、宿場町としての繁栄ぶりがうかがわれる。

とはいえ、宿場の財政は淀川の舟運のために困窮していた。その理由は、船賃が高くなる上りは人馬の継立てを使うが、逆に船賃の安い伏見から大阪には船で下ることが多く、淀から枚方までの便が空荷になるためであった。

枚方宿の人馬継立ての上り下りを比較した表を見ると、人足賃払が上り一五五九人に対して、下りは三〇九人と八〇％が空荷になっている。馬にいたっては上りが九一一頭に対して下りが一一頭と九九％が空荷である。この上がりと下りの荷物量が不均衡なために、宿駅として定められている人馬を常備するには運搬代を倍にしないと採算がとれなくなる。このような宿を「片宿」といい、淀川に位置する枚方や守口などに共通の問題であった。

『淀川両岸一覧』にある七枚の絵図（本書九四―九五、九八―九九頁）などを見ると、石垣の上に建つ瓦屋根の民家が整然と並び、近世都市の様相を見せ

枚方宿・人馬継立比較表（宿勤）

	上り 枚方→伏見	下り 伏見→枚方	空荷の比率
人足無賃	2,658人	492人	81%
馬無賃	336疋	16疋	95%
人足賃払	1,559人	309人	80%
馬賃払	911疋	11疋	99%

「人馬立払並賃銭請払仕訳帳」天保4年より中島三佳氏作成。一部改変

「宗左の辻」の道標。大阪と大坂の両方の文字が、一つの道標に彫られているのも興味深い

ている。繁栄ぶりは三十石船唄の一節「ここはどこじゃと船頭衆に問えばここは枚方鍵屋浦　ここは枚方鍵屋の浦よ網も碇も手につかぬ　鍵屋浦には碇《いかり》はいらぬ三味や太鼓が船止める」からもうかがえる。この賑わいは、旅人だけでなく、近隣の村人も旅籠を利用していたからで、寛永一二（一八〇〇）年に近隣一四七カ村が大坂町奉行所に、遊女同様の飯盛女《めしもりおんな》が枚方の宿に多く、華美な酒宴を行うことで悪影響を及ぼしていると訴えを起こしている（『市立枚方宿鍵屋資料館　展示案内』）。飯盛女の接待ぶりは俗謡にもあるほどで、客を見送る時の想いを伝える「送りましょうか、送られましょうか、せめて宗左の辻までも」の一節に聞き覚えのある方も多いのではないだろうか。

現在、京阪電車枚方駅の前に「宗左《そうさ》の辻」の道標があり、街道沿いに宿場町の遺構を訪ねることができる。この道標には、「右 大坂みち」、「左 京六り（里の意味）」、「文政九年十一月建立」の文字が彫られ、買い物客で賑わう雑踏のなかで江戸時代の枚方を語る「時の標」ともなっている。

旅人気分で街道を京へと向かおう。大型店舗が建ち並ぶ賑やかな通りを抜け、昔ながらの味噌屋や菓子屋が連なる旧街道へと入る。虫籠《むしこ》窓や漆喰《しっくい》で塗られた民家に江戸時代の雰囲気を感じる。石垣の上に建てられた民家は洪水にそなえてのものであろう。石造りの常夜灯を右手に通り過ぎると、子どもたちが遊ぶ三矢公園へと姿を変えた本陣跡がある。街道沿いには多くの案内板があり観光客にやさしい街づくりとなっている。なかでも特に興味深いのは、問屋浜跡の説明板にある「泥町には過書船・伏見船の舟番所がそれぞれ設置され、淀川を上下する船を監視しました」の一文。過書船《かしょぶね》とは、徳川家康が慶長八（一六〇三）年に運上銀二〇〇枚を上納することなどを条件に、淀の住人である河村与左衛門と木村宗右衛門に朱印状を与え、大阪、伝法《でんぽう》、尼崎、山城川（木津川）、伏見を往来した船の呼称である。一方の伏見船は、江戸前期は就航していなかった。伏見が船を持つことができるようになったのは慶長一八（一六一三）年に伏見の角倉《すみのくら》家が河村家に代わり過書奉行となり、元禄一一（一六九八）年に船の所有を許可されてからのことである。当初、許されたのは三十石船ではなく、十五石船二〇〇艘であった。その後、宝永七（一七一〇）年に突然に伏見船は操業できなくなり、享保七（一七二二）年に新伏見船二〇〇艘が認められることとなった。舟運の権利をめぐって激しく争ったと伝わる双方が目と鼻の先に置かれ、相手の動向をどのように思っていたのかが気にかかる。

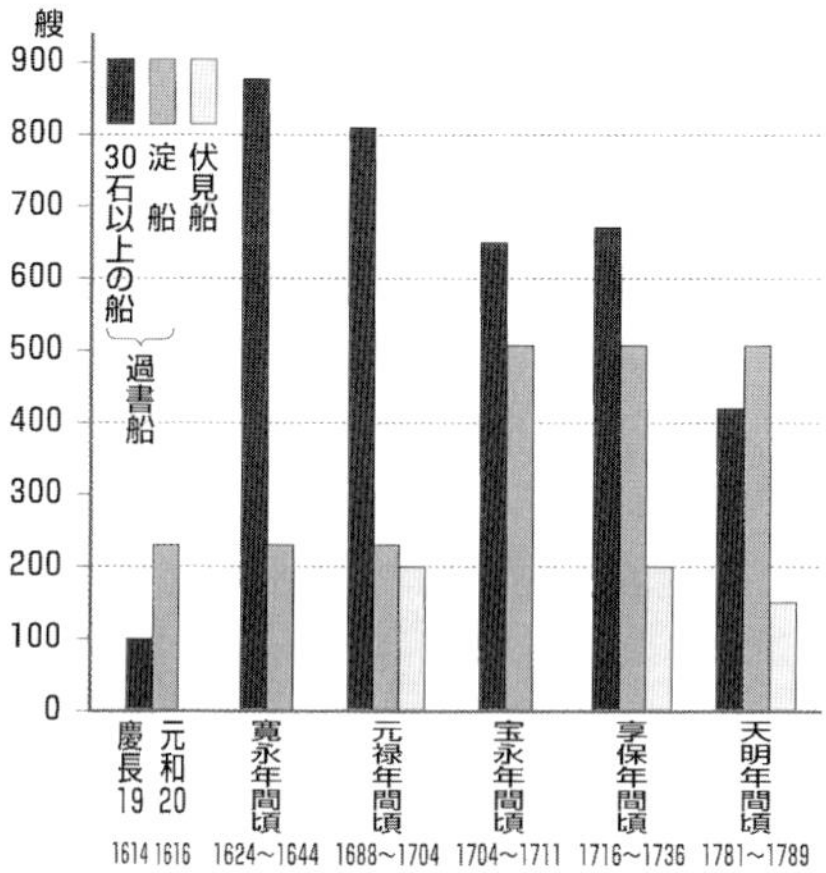

過書船・伏見船の増減
（日野照正『畿内河川交通史研究』所収の表より、枚方市教育委員会作成）

　泥町は旅籠が軒を連ねていた宿場の中心地でもある。旅籠で最も知られているのが三十石船唄でも唄われている鍵屋。一九九七（平成九）年まで営業していたが、現在は市立枚方宿鍵屋資料館として淀川の舟運や枚方の宿に関する資料を展示している。街道沿いに建つ主屋（一八一一年建造）は、街道から土間とカマヤ（炊事場）が見え、旅人が広敷にちょいと腰かけて食事をしたくなる構造だ。資料館の二階から見る淀川の雄大さもすばら

中井吟香画「かぎや浦」（市立枚方宿鍵屋資料館蔵）

しいが、特筆すべきは「くらわんか舟」の実物展示だろう。

　くらわんか舟とは、火床を入れた一艘の小舟に乗りこんだ二人の水夫が、ごんぼ汁や餅、酒などを三十石船の客に売る茶舟（貸食舟ともいう）の俗称である。十返舎一九の『東海道中膝栗毛』には、「われもめしくふか。ソレくらへ。そっちゃのわろはどうじゃいやい。ひもぢそうなツラしてけつかるが、銭ないかい」と乱暴な言葉で商売を行う一場面が描かれており、楽な仕事と思われるかもしれない。しかし、現実は、商いの権利をめぐって近隣の橋本村との紛争が絶えない厳しい商売であった。鍵屋主人の鍵屋太兵衛は、安永二（一七七三）年、三十石船で枚方の宿を素通りする客が多くなり困窮している、六十年前から餅を売り茶舟商を行っているので舟の商いを許可してほしいと大坂町奉行所に願い出ている。

　この茶舟の許可は舟番所の公用を担うことが前提となっており、江戸初期の枚方には許可された茶舟は一艘もなく、当時、舟番所の公用を担っていたのは対岸の下流に位置する柱本の二〇艘であった。しかし、柱本－枚方間が長いので、寛永一〇（一六三五）年にわずかに一艘だけではあるが、枚方の源三郎にその権利を認めたのが始まりとされている。その後、元禄一二（一六九九）年に三艘が

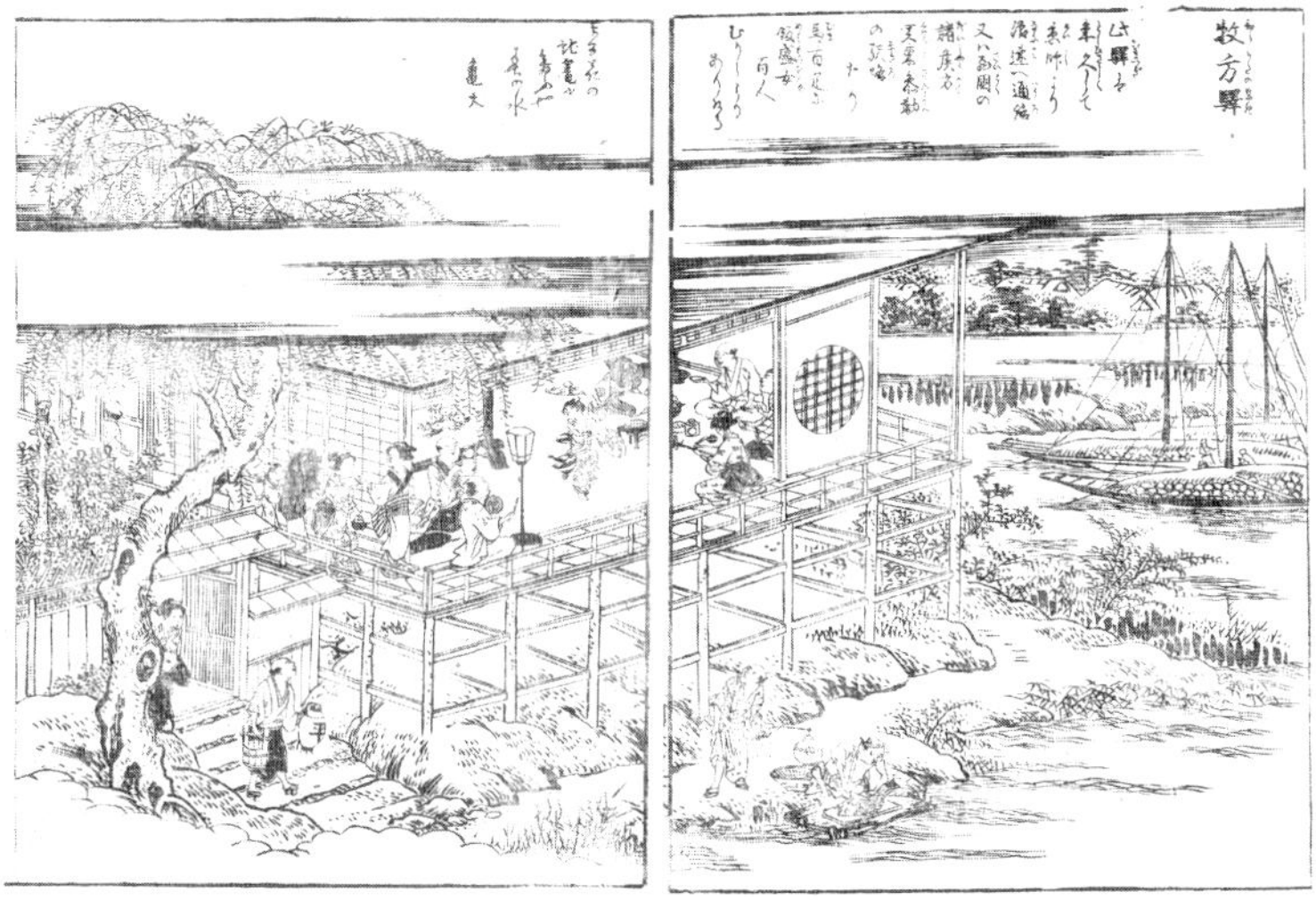

枚方駅　『河内名所図会』

認められるなど舟数も少しずつ増え、夜の営業や餅と「新香」だけの商いから火床を入れて「煮売《にうり》」を売る権利も得ていくこととなった。柱本村との紛争については、天保八（一八三七）年の約定書で茶舟の総数を一八艘と定め、柱本と枚方の双方が同等の権利を有することで決着することとなった。枚方が柱本と争うようになって、なんと、二百年もの時が経過している。めまぐるしく変わる、現在の政策とは比較しようもないが、ゆっくりとした時の流れに憧れを覚える。

　舟から見た枚方の景観も二百年の歳月のなかで少しずつ変化している。享和元（一八〇一）年に刊行された『河内名所図会』にある「枚方駅」の絵図を見てみよう。淀川に張りだした座敷で宴に興じる男女、座敷の下を流れる淀川で魚を調理する料理人、明かりを差しだす店の者、桶に水を汲みにいく者——川とともにある暮らしが、詳細に描かれている。

　まず気づくのは、旅籠が文禄堤の法面《のり》に張り出ていることと、石垣の上に建てられていないことである。

のちの『淀川両岸一覧』など江戸末期を描いた絵では、すべての民家が石垣の上に建てられており、この五十年ほどの間に大きな変化が生じたことが見てとれる。また旅籠は瓦屋根だが、享保二（一七三〇）年に描かれた枚方の地図には街道沿いに茅葺き屋根の民家が並んでおり、時代とともに変化してきたことがわかる。枚方の宿の繁栄が町並みの景観を変えてきたといえよう。

伏見三十石船

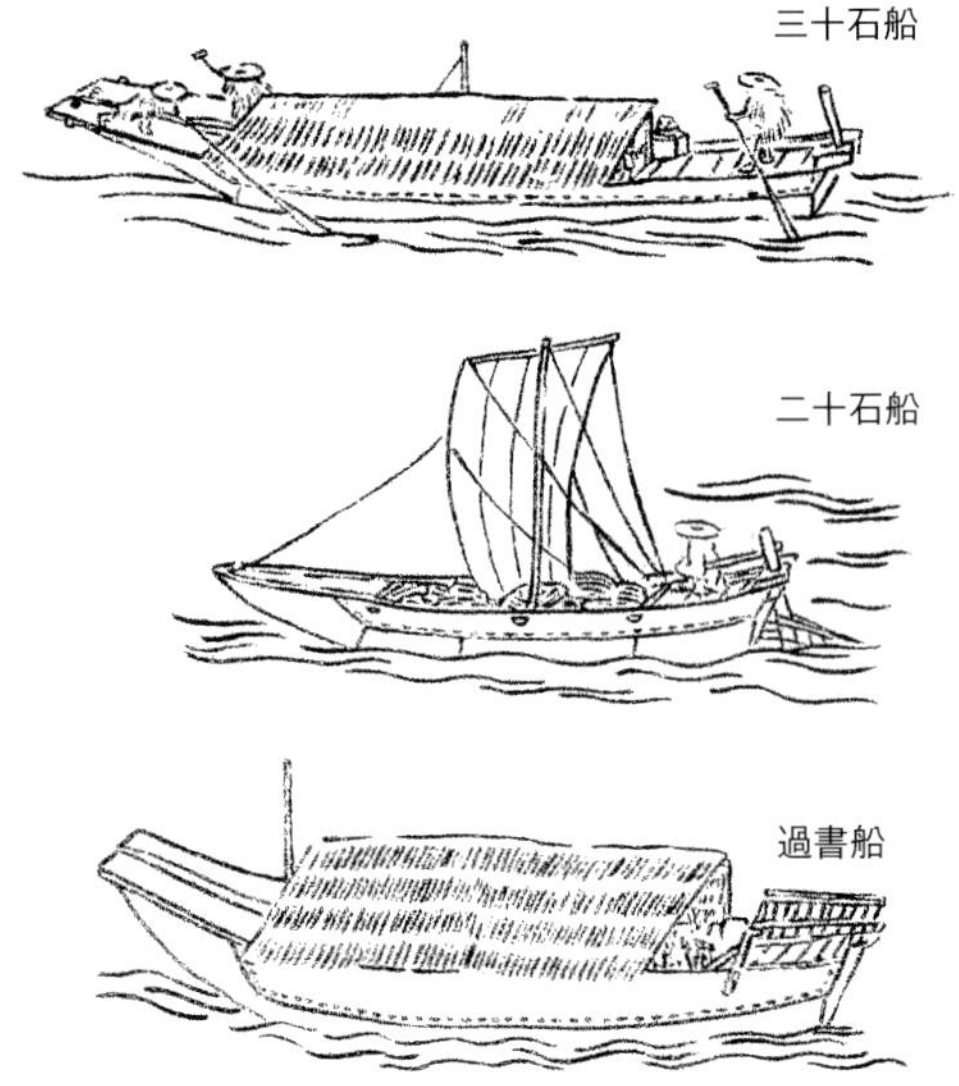

淀川を往来した船の図（『淀川ものがたり』より）

　枚方の宿の繁栄に大きな影響を及ぼしてきた三十石船とは、どのような舟であったのか。船はトンで表示されることから分かるように積載量で決まる。三〇石の船荷は、米俵に換算して七五俵（約四・五トン）となるが、それでは船の大きさはイメージできない。やはり、形状で判断することになる。長さは約一七メートル、幅が約二・五メートルと、市バス（一〇・五×二・五メートル）が約二台分といえるから相当大きなものと思ってもらうとわかりやすい。

　三十石船には雨や日差しを避けるための苫《とま》を被せることができるよう、簡易な屋根の骨組みが設

三十石船と貨食船（『都名所図会』淀より）

けられていた。乗船定員は二八人で、乗客は座って船旅を楽しんでいた。当初、船は昼と夜の二回の定期便であったが、利用客が増えたために朝昼晩の一日三便に増やされている。伏見から大阪の八軒家までに要する時間は半日。大阪に滞在する松尾芭蕉の容体の悪化を知った弟子の向井去来が、伏見を巳（一〇時）の刻に出立し、亥（二二時）に八軒家に着いたと『芭蕉翁《ばしょうおう》反古文《ほごぶみ》』にある。昼夜を問わず上り下りの船が行き交う淀川では、下りの船は左岸沿いを、上りは右岸沿いを進む決まりがあった。

この三十石船から両岸を見た景観を描いたのが『淀川両岸一覧』である。これらの絵図を見ると、川沿いに見える城や神社、民家、街道を行き交う人々の姿に目を奪われる。三十石船唄で「ここは大塚榎の茶屋よ向うは枚方番所浦」と唄われた「大塚」の絵図（本書一〇二頁）などは、旅人の話声までが聞こえてきそうである。景観の面白さは城や橋などの構造物にもある。元禄四（一六九一）年に江戸参府を行った長崎商館付きの医師であったケンペルの日記を読むと、「五百戸の枚方の町がある。（略）ここから左手の川向うには、城が水中に築かれているように見えた。この城は高槻という小さい大名の居城で、遠くから大変美しく野原の中に際だって見えていた」（斎藤信訳『江戸参府旅行日記』より）とある。これは京街道から見た対岸の風景であるが、船で行き交う旅人も城郭の美しさに目を奪われたことであろう。

川の景観の構成要素のひとつに船がある。享保七（一七二二）年に伏見船二〇〇艘が幕府に認められるなど、江戸中期には淀川を往来する船は千艘を超えていた。船の種類としては、淀川上流域の貨物を運んだ天道船《てんとぶね》、大阪近郊から農作物を街へ運んだ青物船、大阪湾から京都へ鮮魚を運んだ今井船のほかに、渡し船や貨食船（「くらわんか舟」）などがあり、大小さまざまな船が昼夜を問わず淀川を行き交っていた。これらの船の往来が旅人の目を楽しませたことはいうまでもない。

気になる船代であるが、寛永三（一六二六）年には下り一〇文、上り一六文であった。寛政一二（一八〇〇）年の頃は下り七二文、上り一四四文であり、当時の蕎麦一杯が一六文であったことを考えると、七二文は我々の三〇〇〇円程度であろうか。上りの運賃が高くなるのは、流れが急なところでは、五人の船頭が綱で舟を曳《ひ》いて上がる必要があったためで、曳き船の様子が『淀川両岸一覧』でも、「淀堤」や「前嶋」、「大塚」、「三嶋江」、「逆巻」などに見られる。このように曳き船が必要な箇所は九つあったという。

この船旅について長崎商館付の医師であったシーボルトが、文政九年（一八二六）の江戸参府の帰りに伏見から大坂へと下る様子を記した日記がある。

枚方にある淀川河川公園に向かう大阪水上バス

われわれはここで夕食をとり、大坂ゆきの船に乗り有名な淀川を下る。西南日本の諸大名がしばしば往来されるので船の設備はたいへんよい。これはオランダのトレックスホイテンを思い出させ、その快適さに関しては甲乙つけ難い。日は既に沈んで、往路われわれの注目を集めたすばらしいこのあたりの景色は、目に映らなかった。夜明けには、もう大坂からそんなに遠くないところにいた。新緑の装いをした景観のそこかしこに見えていた城の白い櫓がわれわれにそれを告げていた。（斎藤信訳『江戸参府紀行』より）

明け方の美しい大坂城を楽しみに下れると思うと、夜の船旅であっても三〇〇〇円は高くない。昼であれば、その楽しみは格別のことであろう。

船から見た町並みは特別である。今も、いくつかの船会社が淀川八軒家浜から枚方までの特別便を就航している。船遊はすこぶる好評ですぐに満席となるとのこと。水辺の景観がもつ魅力は、昔も今も変わることはない。

（鈴木 康久）

水都大阪のいま

変わりゆく水都大阪

大阪の都心部に着いたら、まずは水上バスに乗ることをおすすめしたい。ここ数年で、大阪の街は「水」をキーワードに大きく変わろうとしている。それが実感できるはずだ。地図を広げると、大阪市の中心部は、水都の名にふさわしく、水に包まれているように感じる。水都を体感するには、これが一番手っ取り早い。

急流をぬうように進む京都の保津川下りのようなスリリングさはないが、淀川水系が誇る豊富な水量をかきわけながら船は進み、ゆったりとした時間の流れを味わえる。

ビジネス街、日本銀行大阪支店や大阪市役所などの官公庁が建ち並ぶ街中を流れる大川《おおかわ》（旧淀川）、土佐堀川沿いには、大正から明治時代にかけて完成し、国の重要文化財に指定されている中央公会堂や中之島図書館、サクラの通り抜けで有名な造幣局、遠目には大阪城の天守閣も眺めることができる。乗船すると、普段とは異なった目線で街並みを見ることができて、「東洋のベネチア」とよばれた風景を堪能できる。橋の下をくぐる時に感じる、わくわくした気持ちは水上バスならでは、といえるだろう。

私のような川好きはもちろん、これまで川と縁がなかった人も、大阪の水の豊かさに圧倒されるにちがいない。大阪が水都でありつづけられるのは、京都府北部から流れる桂川《かつらがわ》、三重県の鈴鹿山脈南部から京都府南部を経て流れる木津川《きづがわ》、滋賀県の琵琶湖が水源の宇治川が合わさり、淀川となって大阪に流れこんでいるからだ。二〇〇三（平成一五）年春に京都を中心に、大阪、滋賀で「世界水フォーラム」が開かれたが、三府県は水というキーワードで一つに結ばれている。大阪で川歩きをするとそうした思いが強くなる。

　この大川、土佐堀川沿いに乗船場があり、その一つが二〇〇八（平成二〇）年春に整備された八軒家《はちけんや》浜《はま》（大阪市中央区）の船着き場だ。

淀屋橋の南東にある船着き場

　大川は、旧淀川とも呼ばれる。淀川の改修は一八九六（明治二九）年から一九一〇（明治四三）年にかけて、水系がまたがる大阪府、京都府、滋賀県で大規模に実施され、大阪府内では毛馬閘門《けまこうもん》からまっすぐ大阪湾に流れる新淀川が開削された。それまで蛇行しながら大阪市の都心部に流れていた淀川は、現在の大川（旧淀川）の流れと、放水路の役割を担う新淀川に分けられた。

　八百八橋《はっぴゃくやばし》とうたわれた水都大阪の再生をめざして二〇〇九年に行われた「水都大阪2009」に合わせて、複数の舟運会社が積極的に新たな船をつくった。業者によって、水上バス、水上タクシーなどと名称はさまざまで、大川のほかにも、大阪の「ミナミ」（大阪では、梅田

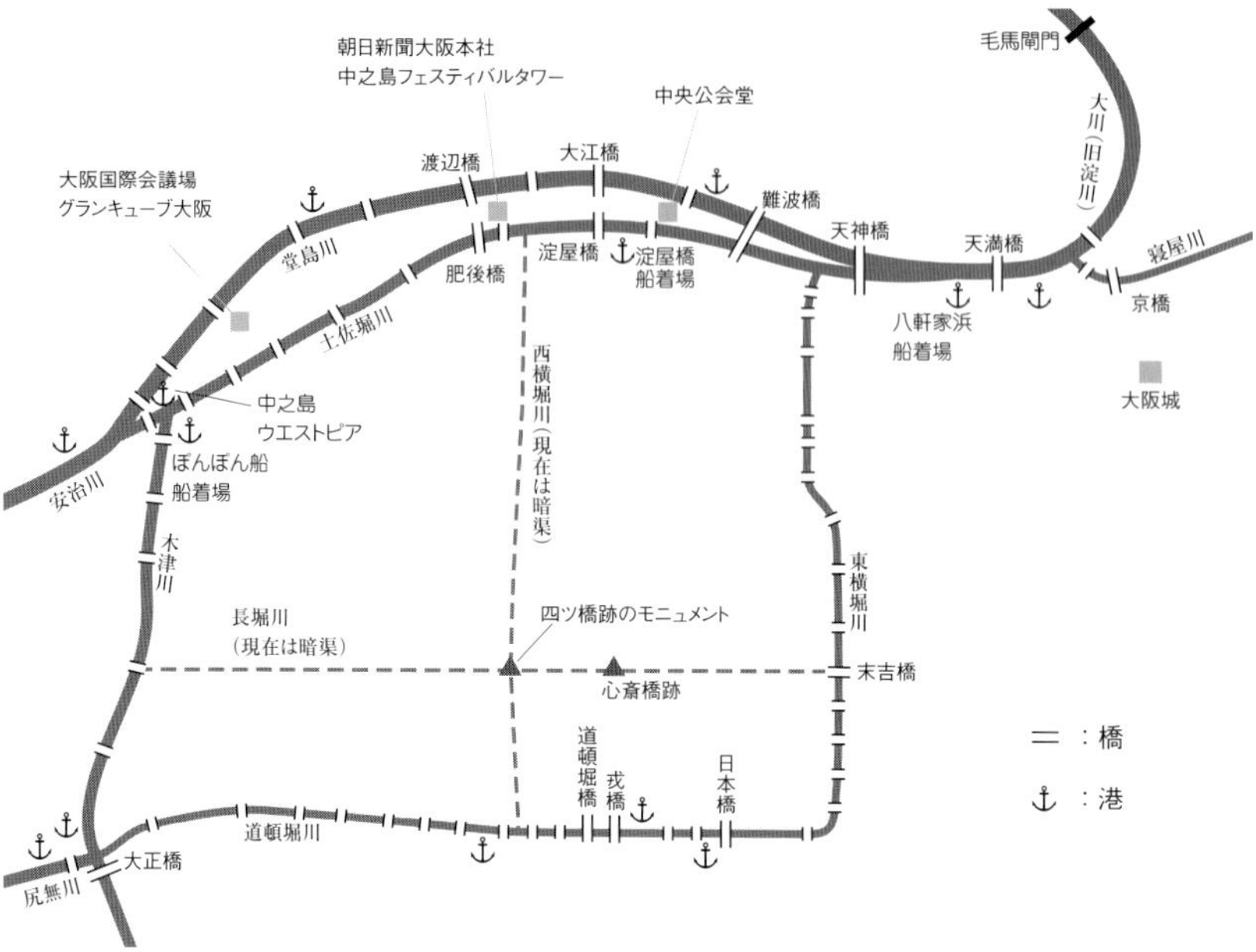

周辺を「キタ」、難波《なんば》周辺を「ミナミ」という）にある道頓堀川《どうとんぼりがわ》を運行する船もある。淀川の歴史探訪や大阪城、道頓堀といった観光名所など、いろいろなテーマでコースが用意されており、目的や時間に合わせて選ぶことができる。

二〇〇八年秋に天満橋《てんまばし》駅から延伸した京阪電車中之島線の開通も水の都をさらに発展させる大きなきっかけとなった。中之島線は、堂島川《どうじまがわ》と土佐《とさ》堀川《ぼりがわ》に挟まれた中之島の地下を東西に走る約三キロの路線で、中央公会堂などの歴史的な西洋建築が並ぶなにわ橋から、大阪市役所前の大江橋、大阪市営地下鉄肥後橋《ひごばし》駅とを結ぶ渡辺橋、大阪国際会議場のある中之島までの四駅がある。中之島公園は親水性の高い公園として再生され、高さ三〇メートルの大噴水で、話題を呼んだ。また、堂島川沿いに遊歩道が整備され、散策する人の姿が増えた。

都心部では河川があっても、汚れていることもあってか、人目を避けるようにビルや店舗の裏側を流れていることが多かった。大阪ミナミの道頓堀川もかつてそうだったが、近年、遊歩道が整備され、観光船が行き来しはじめた影響もあり、河川側が正面入り口になる店舗が増え、人の賑わいも生まれた。道頓堀川は一六一二（慶長一七）年に安井道頓らが私財を投じて運河開削に着工した河川で、安井道頓の名前にちなむ。

河川が街の〝主役〟の役割を果たすと、利用する人々も必然的に、きれいな川にしたいと思うはずだ。逆に、川に存在感がないと人の関心も薄れ、汚染は進み、空き缶のポイ捨てや大型ごみの不法投棄をも誘ってしまう。水辺が近くなると、心も穏やかになる。水がもたらす恩恵に感謝をいだく気持ちも自然と芽生える。水を生かした街作りは今後も進んでほしいと願う。

川沿いに遊歩道ができた道頓堀川

道頓堀といえば、「グリコの看板」や二〇〇八年夏に閉店した飲食店「くいだおれ」の看板人形「くいだおれ太郎」を思い浮かべる方が多いだろう。道頓堀川に架かり、今宮戎《いまみやえびす》への参道にあたる戎橋《えびすばし》が、「ナンパ橋」「引っかけ橋」とも呼ばれ、若者たちが、夜遅くまで群れたり、プロ野球の阪神タイガースが優勝するとファンが騒いで橋の上から飛びこんだり、何かとイメージがよくない時期があった。一九八五（昭和六〇）年の阪神タイガースのリーグ優勝時には、道頓堀川にケンタッキーフライドチキンの創業者であるカーネル・サンダースの人形が投げこまれたことでも有名だ。しかし、昔のイメージしか知らない人は、ぜひ足を運んでいただきたい。老朽化した戎橋は、

整備された八軒家浜

デザインコンペティションで選ばれた、橋の中央部が円形に広がる新たな姿になった。橋のたもとから川沿いの遊歩道へ下りるスロープも設けて、全体的に明るいイメージに生まれ変わっている。道頓堀川がオープンスペースになったことで、人々は改めて河川から受ける恩恵の大きさに気づいたはずだ。

　戎橋があるあたりは、難波と呼ばれる。大阪市の古称として残るナニワ、漢字表記だと難波、浪速、浪華、浪花とさまざまあるが、この呼び名は、このあたりが縄文時代、河内潟《かわちがた》と呼ばれた内海で、潮の流れが速かったことからついた、とされる。

八軒家浜が復活、水陸交通のターミナルに

　京阪電車天満橋駅を降りると、改札口と通路で結ばれた八軒家浜船着場に出る。八軒家浜は、世界遺産の熊野古道の起点といわれる船着き場で、大阪府が水都大阪の拠点として整備した。二〇〇八年に水陸の交通ターミナルとして整備され、大型の水上バスが一度に三隻着岸できる広さがある。江戸時代には、京都の伏見港と大阪の八軒家浜を結ぶ三十石船が発着し、多くの旅人に利用され、水運と陸運の要《よう》衝《しょう》として栄えた場所だ。現在、護岸には飲食店などの集客施設も完成した。京阪電車のほか大阪市営地下鉄谷町線の天満橋駅もあり、交通の要所としてさらに発展したことになる。

『摂津名所図会《せっつめいしょずえ》』（一七九八年）によると、八軒家浜の名前の由来は、このあたりに八軒の旅籠《はたご》があっ

たからだという。江戸時代には八軒家と呼ばれたが、平安時代には渡辺ノ津と呼ばれ、熊野詣《くまのもうで》の上陸地であった。

船着き場は、大阪の都心部を流れる大川沿いにある。洪水対策で淀川が現在の流路に付け替えられるまで、現在の大川が淀川だった。毛馬閘門で現在の淀川と分かれた大川は、それぞれ大阪市営地下鉄、JR、京阪電車の駅名にもなっている都島《みやこじま》、桜ノ宮、天満橋を南に下り、大きく西へと弧を描く。天神橋を越えると、下流に向かって右が堂島川、左が土佐堀川に分かれ、ふたたび合流した後は、安治《あじ》川、尻無《しりなし》川、木津川の三本の河川になり、大阪湾をめざす。

明治初期の八軒家浜（大阪城天守閣蔵）

江戸時代には、階段状の護岸が整備され、淀川を行き交う三十石船や、くらわんか舟が発着し、京から熊野詣に向かう人の玄関口になるなど、水路と陸路のつなぎ目として賑わったという。平安時代中期ごろから上皇や貴族が行うようになった熊野詣は後に武士や民衆にも広まった。

江戸時代、京都から熊野を参詣する人は、京都の鳥羽《とば》や山崎から乗船し、淀川を下った。乗船はほとんどが夜半で到着は翌日の午後から夕方にかけてだったという。伏見から八軒家浜までの下りは半日か半夜だったが、上りは竿をさしたり、綱を引いて船を引き上げるために一日か一晩を要したといわれている。参拝者は、ここから陸路で熊野街道をめざした。

現在の八軒家浜（写真上）
永田屋昆布本店前の「八軒家船着場石碑」

『淀川両岸一覧』には、「京師への通船は浪花《らうか》市中所々に有といへども当舳岸《ふなつき》を第一とす」と書かれており、昼夜賑わった様子がうかがえる。

一九二七（昭和二）年から一九三四年の寝屋川《ねやがわ》付近都市計画事業によって、八軒家は姿を消した。

一方、三十石船は、一八七〇（明治三）年に伏見と八軒屋浜の間に淀川蒸気汽船が就航すると、しだいに衰退した。一八七七（明治一〇）年、大阪と京都間に鉄道が開通し、京阪電車が天満橋—五条間に開通すると、貨物船のみとなり、その役割を終えた。現在、天満橋近くにある永田屋昆布本店前に「八軒家船着場石碑」が建っている。

ロの字型の水の回廊

大阪は、豊臣秀吉が大坂城の外堀として東横堀川《ひがしよこぼりがわ》を掘って以来、堀川が縦横に張り巡らされた。現在の大阪市の中心部の地図を見ると、東に東横堀川、西に木津川、南は道頓堀川、北に堂島川と土佐堀川がカタカナのロの字を描くように流れているのがわかる。「改正増補国宝大阪全図」（一八六三年）などの古地図をみると、かつてはロの字どころか、縦横に堀が張りめぐらされ、水運が人のくらしの中心であったことがうかがえる。堂島川と土佐堀川に挟まれた中之島付近に蔵屋敷を建てた各藩は船で往来し、旅客を運ぶ三十石船や遊山船が行き交った。現在このあたりはビジネス街で高層ビルが林立しているが、当時は屋敷が立ち並んでいた。白壁の前に植えられた立派な松が川面に映る姿を愛でながら、人々は風情を感じたに違いない。現在は、夜間に橋や川がライトアップされ、水と光が織りなす風景が人々の心をとらえる。毛馬閘門から分かれた大川、すなわち、かつての淀川本流の豊かな水が人々を潤すのは、時代とともに辺りの景色が姿を変えても同じだ。

長堀川に架かるかつての心斎橋（大正〜昭和初期の絵はがき）

東横堀川は、北浜あたりで土佐堀川から分かれて南流し、かつては途中の末吉橋の南で長堀川《ながほりがわ》に水を分けていた。文禄三（一五九四）年に豊臣秀吉によって開削されたとされる。本町橋あたりで少し東に折れた後、ふたたび南流するが、開削時に西岸にあった浄国寺を避けたためと伝わる。このあたりは「まがり」と呼ばれたという。大阪のミナミに近づくと、西に直角に折れて、道頓堀川となる。

東横堀川から分かれた長堀川は現在、埋め立てられて長堀通になっている。元和五（一六一九）年ごろの開削と思われる。一九六三（昭和三八）年に西横堀川（現在は暗渠《あんきょ》となっている）より東側の埋め立てが終わり、長堀駐車場として現在も利用されている。一九七三（昭和四八）年にはその西側の埋め立ても完了し、川は完全に姿を消した。この長堀川に架かっていたのが心斎橋。心斎橋筋は江戸時

長堀通に心斎橋の欄干がひっそりと残る

かつてあった四つの橋をイメージしたモニュメント

代後期には大阪随一の繁華街として賑わったが、現在も大阪の繁華街を代表する地名の一つとして健在だ。だが、橋はなく、一九〇九（明治四二）年に架けられた橋の欄干だけが長堀通沿いにひっそりと残されている。

その長堀通を心斎橋からさらに西に進むと、大阪市営地下鉄四つ橋線の四ツ橋駅にたどり着く。乗降客が多い四ツ橋駅や、四つ橋筋の通りの名前はよく知られている。地名はかつてここに四つ橋という総称で呼ばれた四つの橋がかかっていたことに由来する。江戸時代に、先ほど紹介した長堀川に架かっていたのが、東から炭屋橋、吉野屋橋で、西横堀川に架かっていた橋が、北から上繋橋《かみつなぎばし》、下繋橋《しもつなぎばし》だった。四つの橋をしのぶように、現在はモニュメントがひっそりと残っている。西横堀川は、土佐堀川から分かれ、現在の四つ橋筋に沿って、南へ流れていた。

土佐堀川は、大阪を代表するビジネス街を流れる。毛馬閘門で淀川と分かれた大川（旧淀川）が中之島の東の端で二つの流れに分かれて、中之島の南側を流れるのが土佐堀川だ。初めは西に向かい、四つ橋筋の肥後橋あたりから南西に流れを変える。このあたりには、二〇一二（平成二四）年秋に、朝日新聞大阪本社やフェスティバルホールなどが入る高さ二〇〇メートルの中之島フェスティバルタワーが完成し、大阪の新たなランドマークとなるだろう。周辺には、国立国際美術館や大阪国際会議場（グランキューブ大阪）をはじめ、企業やホテルなども集まり、ビジネスと文化のゾーンとして注目されている。土佐堀川は中之島の西端近くで木津川を分流した後、中之島の北側を流れてきた堂島川と合流して、川の名前を安治川に変える。江戸時代初期には、現在架かっている肥後橋の近くから、南へ流れる西横堀川があった。

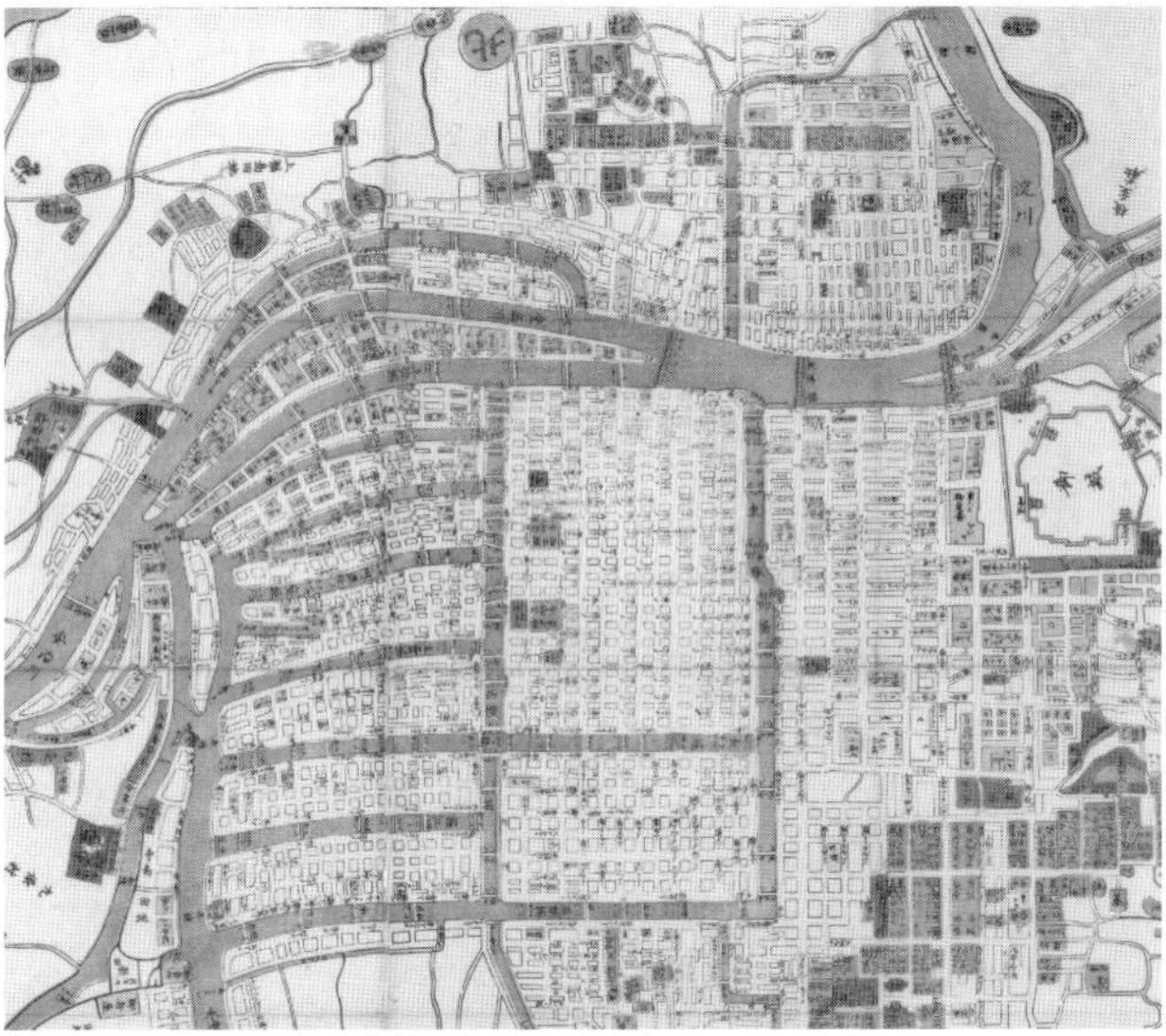

大坂細見図（1847年）（大阪教育大学付属図書館蔵）
152頁の地図と比べると、大部分の堀川が埋めたてられたことがわかる

　土佐堀川の北側を並行して流れる堂島川は、一六八八（元禄元）年に北岸に堂島新地《しんち》ができて、その名前が定着したことからついた呼称のようだ。大正年間までは、堂島川の北側を、堂島川から分かれた蜆《しじみ》川が流れていた。蜆川は、堂島川にかかる大江橋の上流で堂島川から分かれて、湾曲して堂島の西端で堂島川に合流していたが、一九〇九年に起きた大火の後、瓦礫の捨て場となって一部が埋め立てられ、一九二四（大正一三）年に完全に姿を消した。蜆貝がよくとれたからという説や、元来はこの川が淀川本流で、川幅を縮

めて堤防を作ったところから縮川《ちぢめ》と呼ばれて、それがなまった、など川の名称の由来には諸説ある。江戸時代前期に活躍した商人の河村瑞賢《かわむらずいけん》が改修し、堂島には堂島新地が、北岸には曾根崎新地が開発された。蜆川に架かっていた桜橋は地名として残り、堂島アバンザ（旧毎日新聞大阪本社）の北西角あたりに、桜橋があったことを示す碑が建てられている。

木津川は、中之島の西端近くで土佐堀川から分流、大阪市西区の中央部を南流して大阪湾に注ぐ。大正橋の上流で道頓堀川が合流すると、尻無川に分流する。江戸時代の木津川は土佐堀川との分岐点である雑喉場《ざこば》町を起点に流れ、左岸（下流に向かって左側）には、江戸堀川、京町堀川《きょうまちぼりがわ》、海部堀川《かいふぼりがわ》、阿波堀川《あわぼりがわ》、立売堀川《いたちぼりがわ》、長堀川、堀江川《ほりえがわ》、道頓堀川の水を受け、右岸に尻無川を分け、さらに下流で、三軒家川《さんげんやがわ》、十三間川を分流していた。木津川の分流である尻無川は、木津川に架かる大正橋付近で木津川から分かれ、大阪市大正区、港区の境を南西に流れて大阪湾に入る。両岸には倉庫や工場が建ち並び、大阪市の臨海工業地帯の中心をなす。

旧淀川の最下流部にあたる安治川は、堂島川と土佐堀川の合流地点から南西に直進して大阪湾に注ぐまでの区間をさす名称だ。安治川開削前の流れは、堂島川、土佐堀川合流後、湾曲して流れていたが、貞享元（一六八四）年、河村瑞賢が淀川の治水のために流れを改修して直線にした。川の名前は、「安けく治むる」という思いが込められているという。

浪華八百八橋

江戸の八百八町《はっぴゃくやちょう》に対して、大坂は古くから、「浪華八百八橋《なにわはっぴゃくやばし》」と呼ばれるほど、多くの橋が架かっていた。「八百」という数字はともに多さを表すための一種の慣用表現だが、大阪に橋が多いというのは裏を返せば、それだけ多くの河川が流れていたからであり、それは水の都の証しでもある。『摂津名所図会』によると、八軒家浜の船着き場近くにある天満橋は「当橋は浪花三大橋の第一にして河幅頗《すこぶ》る広大」と記され、『淀川両岸一覧』によると、公儀橋《こうぎばし》のため、高欄擬宝珠《ぎぼし》があったという。当時、二〇〇橋ほどあった橋のうち幕府直轄の公儀橋はわずか一二で、残りは町民や資産家が造った橋だったようだ。

　八軒家浜がある天満橋近くを訪れるのならば、ぜひ、京橋にも足を運んでほしい。京橋《きょうばし》という橋の名前から駅名をとった京橋駅は、JR大阪環状線、JR東西線、京阪本線、大阪市営地下鉄長堀鶴見緑地線が集まるターミナル駅だが、実在する京橋は、京橋駅よりも天満橋駅の近くにあり、寝屋川という河川に架かる比較的小さな橋だ。巨大なターミナル駅から想像をふくらませて訪れた人は、拍子抜けすると思う。京橋が京橋駅の近くに存在しないというのが、町歩きをしていてなんとも面白かった。

寝屋川に架かる京橋

　京橋は江戸時代、幕府直轄の公儀橋で、大阪の東の玄関口だった。南詰は大阪城北側の京橋口に通じていた。大阪と京都の鳥羽口、伏見にある京橋を結ぶ京街道は、この大阪の京橋を起点としていた。そういう意味では、ターミナル駅に「京橋」の名がついているのも納得がいく。現代における大阪都心部の玄関口の役割を果たしているからだ。

橋を架けた豪商淀屋にちなむ淀屋橋も著名な橋のひとつ。京阪電車の終点、淀屋橋駅《よどやばし》を下車し、地上に出るとすぐに目に入る。初代の淀屋常安《じょうあん》は材木業を営んだ。中之島の開拓者として、その名は常安橋として残っている。大阪には、現在は橋がないのに、地名に橋の名前を残す場所が多く存在する。現在ある橋はもちろんだが、河川の埋め立てにより現存しない橋の由来も調べると、かつての河川の姿が浮かび上がってくる。

未来の水都大阪に向けて

淀川をモデルケースに、かつての風景と現在の姿をたどってきた。地元で暮らす人にとって、淀川は生命の源と言っても過言ではない。川歩きをしながら、河川がたどった歴史と現状を知り、自然がもたらす水の尊さを感じてもらえれば、うれしい。

街中を歩くと、「川」「堀」など、水にまつわる地名だけが残っている場所がある。実際に出向いて、先人の暮らし、水とのかかわり方を想像するだけでも、なんだかタイムスリップをしたような気分を味わえる。同時に、そこにかつて池や川があったことを知れば、大雨の際の心構えもできる。これまで何気なく歩いていた街並みに、「水」という視点を取り入れてみよう。歴史や文化など、さまざまな発見があり、きっと風景がこれまでと違って見えてくるはずだ。

東日本大震災以降、自分が住んでいる土地がかつてはどのような姿であったのかを古地図で調べる人が増えたと聞く。現在復刻されている古地図と現在の地図をかばんに入れて、自宅や職場近くの川べりを歩くと、コンクリート三面張りの姿に変えられた川、洪水対策のために付け替えられた川など、過去から現在に至る風景の変化を知ることができる。そして、川歩きに慣れてくると、失われた川の存在が自然と見えてくるようになる。一本の道路だが、脇の部分のアスファルトの色が違うところや、古い家の玄関が一つも道路側を向いていないところは、川が埋め立てられて道路になった可能性が高い。歩けば歩くほど、失われた河川を探り当てる"嗅覚"が養われる。街中には多くのヒントが隠されており、川歩きの一つに、かつての川の面影をたどる楽しみ方もある。

水辺の風景の変化は、埋め立てなどマイナスのイメージが多かったが、大阪のケースでは、船着き場や川べりの遊歩道の整備、水上バス舟運の盛り上がりなどプラス面が目立つ。京都市の事例だが、平安京のころから都の中心部を南北に流れていた堀川《ほりかわ》が、いったんは三面コンクリート張りの河川になった後、最近になって新たに水源が引かれ、家族連れや子どもたちが水に触れやすいような整備が行われた。コンクリート造りで人工的であるのは残念だが、歴史的な河川がよみがえった。整備をめぐって、賛否両論はあるが、ひと昔前だと、いったん水源を失った枯れ川は放置され、行政や地元住民が川の再生に取り組むことはなかったと思う。再生のあり方に注文をたくさんつけたい人は多いと思うが、河川再生の第一歩として評価したい。

かつてあった大阪の堀を当時のまま復活させることは現実的に難しいとしても、堀を埋め立てて作った道路の中央分離帯に緑地と小川を設け、かつて堀川があったことを大阪府民に知ってもらう意義は大きい。大阪もそうした第一歩を踏みだせれば、真の「水都」を誇れるようになるだろう。（平野圭祐）

参考文献

『江戸参府旅行日記』ケンペル著（斎藤信訳、平凡社東洋文庫、1977年）
『江戸参府紀行』シーボルト著（斎藤信訳、平凡社東洋文庫、1967年）
『巨椋池』（宇治市歴史資料館、1991年）
『京街道』上方史蹟散策の会編（向陽書房、2002年）
『京都発見　六――「ものがたり」の面影』梅原猛（新潮社、2003年）
『旧枚方宿の町家と町並』（枚方市教育委員会、1989年）
『市立枚方宿鍵屋資料館　展示案内』（枚方市教育委員会、2001年）
『第二回企画展「淀川を行きかう人々」展示図録』（大山崎町歴史資料館、1995年）
『東海道　枚方宿と淀川』中島三佳著（中島三佳、2003年）
『特別展　新淀川百年　水都大阪と淀川』（大阪歴史博物館、2010年）
『土佐日記』三谷栄一訳註（角川書店、1960年）
『はるかなる淀川――三川合流の歴史』（大山崎町歴史資料館、2000年）
『百人一首の秘密――驚異の歌織物』林直道著（青木書店、1981年）
『水辺の遺産』（国土交通省近畿地方整備局淀川工事事務所・大山崎教育委員会、2003年）
『都とともに――大山崎と洛外の街』（大山崎町歴史資料館、2004年）
『目で見る茨木・高槻の100年』宇津木秀甫総合監修（郷土出版社、1995年）
『目で見る大阪市の100年』『大阪市の100年』刊行会編（郷土出版社、1998年）
『目で見る枚方・交野の100年』櫻井敬夫・中島三佳監修（郷土出版社、1995年）
『吉野葛・葦刈』谷崎潤一郎著（岩波文庫、1950年）
『淀川往来』上方史跡散策の会編（向陽書房、1984年）
『淀川の文化と文学』大阪成蹊女子短期大学国文学科研究室編（和泉書院、2001年）
『淀川ものがたり』淀川ガイドブック編集委員会編著（読売連合広告社、2007年）
『わが淀川――やぶにらみ浪花噺』井上俊夫著（草思社、1979年）

国土交通省近畿地方整備局淀川河川事務所HP（http://www.yodogawa.kkr.mlit.go.jp/）

あとがき

淀川を往来する三十石船、棹を持つ船頭、渡しの茶屋でくつろぐ旅人。これが江戸時代の川か。川や木々、家屋などの「静」の部分と人々や舟の「動」の部分を組合せた構図が面白い。今と何が違うのだろう。絵図にある情景を求めて、水辺を歩いてみたい。これが本著の原点となっている。

絵図に描かれた、淀川から宇治川、鴨川へと上り、大阪と京都をつなぐ「川の街道」は、古来より多くの人々が往来し、様々な物資を運搬する動脈であった。文化と景観の視点からこの街道の一五〇年間の変遷を辿ることで、次世代に伝えるべき川の本質が見えてくるのでは、そんな想いをもって最初に手がけたのが『京都 宇治川探訪』であった。宇治川が重要文化的景観に選定される一助にとの願いも込めて二〇〇七年に刊行した。鴨川も書いて欲しいとの声に押され、二〇一〇年に『京都 鴨川探訪』を刊行。そして、「川の街道」の完結版ともいえるのが、本著『大阪 淀川探訪』である。

執筆に際して、淀川のもつ「川の力」を知ろうと、カヤックで何度か川を下り、絵図の場所を訪ね歩いてもみた。そのたびに淀川の悠々とした流れに圧倒され、何も考えられない自分があった。そのなかで見えてきたのが、それぞれの場面において時間と空間をつなぐのが文化であり、景観であるとの考え方である。むろん、淀川の雄大さは文化や景観だけで表現できるものではないが、少しでも淀川の「川の力」を伝えることができればこれに勝る喜びはない。

最後になるが、本著の執筆に際して御指導・御協力いただいた方々と、本書を含め「絵図でよみとく文化と景観」を主題にした三冊を世に送りだしてくれた伊藤桃子さんに感謝を申しあげたい。

二〇一二年　早春

鈴木康久

執筆者略歴（50音順）
★印は編者

西野由紀（にしの・ゆき）★
1971年大阪府生れ。天理大学准教授。専門は日本近世文学、情報出版学、図像解釈学。『京都名所図会 絵解き案内』（共著、小学館、1997）、『都名所図会を読む』（編著、東京堂出版、1997）、「先達はあらまほしき――『名所図会』と旅人」（『國文學論叢』第52輯、龍谷大学國文學會、2007）、「都から富士が見えた時代――『東海道名所図会』の目論見」（『日本文学』vol.61、日本文学協会、2011）、『京都宇治川探訪』（2007）、『京都鴨川探訪』（2011、ともに編著、人文書院）など。

鈴木康久（すずき・みちひさ）★
1960年京都府生れ。水文化研究家、京都府職員。カッパ研究会世話人、琵琶湖・淀川流域圏連携交流会代表幹事など。単著に『水が語る京の暮らし』（白川書院、2010）。共著に『食の講座』（コープ出版、2008）、『京都クロスポイント』（宮帯出版、2010）、『農村コミュニティビジネスとグリーンツーリズム』（昭和堂、2011）など、編著に『もっと知りたい！ 水の都京都』（2003）、『京都宇治川探訪』（2007）、『京都鴨川探訪』（2011、いずれも人文書院）。

◆

宮本博司（みやもと・ひろし）
11952年京都市生れ。1978年に旧建設省に入り、河川行政一筋に取り組む。苫田ダム、長良川河口堰を担当。国土交通省近畿地方整備局淀川河川事務所長として淀川水系流域委員会の立ち上げに尽力。2006年、同省辞職。淀川水系流域委員会に一市民として応募、委員長に就任。現在は（株）樽徳商店社長。本物の木の桶樽の復活が夢。『社会的共通資本としての川』（共著、東京大学出版会、2010）、『絶体絶命の淡水魚イタセンパラ』（共著、東海大学出版会、2011）。

◆

大滝裕一（おおたき・ゆういち）
1959年京都府生れ。京都府職員。カッパ研究会世話人。『もっと知りたい！水の都京都』（編著、人文書院、2003）、『京都地名検証』（共著、勉誠出版、2005）、『京都地名検証2』（共著、勉誠出版、2007）、『京都宇治川探訪』（2007）、『京都鴨川探訪』（2011、ともに人文書院）など。

◆

平野圭祐（ひらの・けいすけ）
1970年京都市生れ。1996年毎日新聞社入社。横浜、京都支局記者を経て、2004年朝日新聞社入社。金沢総局、大阪本社社会部記者を経て、大阪企画事業部員（寺社担当）。『京都水ものがたり――平安京一二〇〇年を歩く』（淡交社、2003）、共著に『もっと知りたい！水の都京都』（2003）、『京都鴨川探訪』（2011、ともに人文書院）。全国の阿修羅像好きが集まる奈良・興福寺の「阿修羅ファンクラブ」（http://www.kohfukuji.com/fanclub/）事務局長を務める。

◆

（Ⅱ章　写真撮影）
尾栢紀孝（おがや・のりたか）
1941年福井県生まれ、現在名古屋市在住。フォトクラブ「華陽」に所属して主にネイチュアな風景写真を撮っている。他に京都・奈良の仏像観賞が趣味。『京都宇治川探訪』（2007）、『京都鴨川探訪』（2011、ともに写真、人文書院）。

大阪《おおさか》　淀川探訪《よどがわたんぼう》
——絵図《えず》でよみとく文化《ぶんか》と景観《けいかん》

二〇一二年四月三〇日　初版第1刷印刷
二〇一二年五月一〇日　初版第1刷発行

編　者　西野由紀／鈴木康久

発行者　渡辺博史
発行所　人文書院
〒612-8447　京都市伏見区竹田西内畑町9
電話075-603-1344　振替01000-8-1103

制作協力　㈱桜風舎
装　丁　上野かおる
印　刷　創栄図書印刷株式会社
製　本　坂井製本所

ISBN978-4-409-54080-0 C1039

落丁・乱丁は小社負担にてお取替えいたします。

http://www.jimbunshoin.co.jp/